Bola Sin Manija presenta:

PEQUEÑOS GIGANTES

50 historias de fútbol que merecen ser leídas

BSM Libros

Pequeños gigantes : 50 historias de fútbol que merecen ser leídas
Adrián Desiderato, Jorge Montanari, Francisco Godinez Galay y otros.
- 1a ed. - Buenos Aires : BSM Libros, 2012.
260 p. : il. ; 21x15 cm.

ISBN 978-987-28105-0-4

1. Narrativa Argentina. I. Adrián Desiderato, Jorge Montanari, Francisco
Godinez Galay y otros.
CDD A863

Autores: Juan Pablo Alvarez, Javier Castro, Adrián Desiderato, Francisco Godinez Galay, Patricio Gronda, Juan Martín Gutiérrez, Matías Martínez, Jorge Montanari y Marcos Zurita

Arte de tapa: Martiniano Zurita

Ilustraciones: Razz (razzmatazz.com.ar)

Podés encontrar a BSM en:

Web: bolasinmanija.com.ar
Twitter: @bolasinmanija
Facebook: facebook.com/bolasinmanija

Dedicado a Andrés Upma

Prólogo

Siempre está presente la historia que escriben los que ganan, a la cual casi nunca le interesa prescindir de exageraciones.

No siempre está aquella de los que no ganan y constituye, a veces, una mejor historia. Pequeños Gigantes es, en parte, un acto de reparación para los que la frívola lupa del éxito considera fracasados. Los convertirá, en el peor de los casos y a la vista del más resultadista, en encantadores derrotados, en dulces perdedores, en superados pero no vencidos. Mostrará, en definitiva, algunos insólitos ganadores que recorrieron caminos convencionales y otros que lo fueron por no haber expresado miedo al intentarlo, aun exponiéndose a crueles humillaciones deportivas. Para los que somos amantes de los lados B, de lo que es verdadero pero poco verosímil y de lo que te hace dudar si es realidad o ficción. Para los que se enamoran del guión sin importar que el desenlace contenga podios, medallas, champagne, fotógrafos, ovaciones, melodías emotivas y acordes con la situación gloriosa.

La delgada aguja y el fino hilo de Pequeños Gigantes logra puntos de unión inesperados. Podés asombrarte con el argentino que tuvo que ganar un Premio Nobel de Medicina para acercarse, apenas, a la sensación de participar en una victoria contra River Plate. Sorprenderte con la sociedad entre Huracán Buceo y el Topo Gigio. Saborear los contadísimos minutos de fama de San Marino. Apiadarte de Cuba y su hasta la victoria nunca. Sonreír con los Wadadli Boyz de Antigua y Barbuda. O disfrutar del inolvidable clásico turco Galatasaray vs Fenerbahçe de 1911.

Y para no seguir mezclándonos con el índice de la publicación, quizá encontremos una síntesis del espíritu de este libro en el capitulo referido al Sankt Pauli, donde quedan trazados maravillosos puentes entre el romántico equipo alemán y Hercules Poirot, los Beatles, el activista homosexual y director teatral Corny Littman, Rayo Vallecano, AC/DC, Blur, Sisters of Mercy, Bad Religion, la revista Maxim, Nike, Zanzibar, Groenlandia, Tibet, Gibraltar, Carlos Bianchi, Boca... y hasta la tienda de productos eróticos de Internet Orion.

Como aquellas bandas de rock que supieron transformar primarios lados B en auténticos hits, Pequeños Gigantes consigue que episodios que vivieron, durante mucho tiempo, en segundo plano, nos conduzcan, mágicamente, a un laberinto en el cual no importa encontrar la salida mientras este tipo de relatos se vayan sucediendo para atrapar nuestra atención.

Miguel Simón, periodista.

Palabras de los autores

Hay una cierta cantidad de equipos en todo país que son llamados grandes por un abanico de variantes: títulos obtenidos, historia, cantidad de hinchas, permanencia en las divisiones superiores y poderío económico (siendo esta última por lejos las más vil y patética). No negamos, lo cual sería absurdo, la existencia y validez de esta grandeza, pero nos distanciamos de la idea de que es la única posible y, principalmente, de que es la más interesante. Ella parece estar directamente relacionada con la capacidad de acumular jugadores de renombre más o menos internacional, deudas impagables en el banco, puntos de rating y contrincantes que los acusan de ser favorecidos por la federación local, sin importar lo que haya ocurrido en la cancha.

Por otro lado, la grandeza moral, espiritual o simplemente entrañable de muchos equipos de los llamados "chicos" suele tener motivos mucho más variados, interesantes, graciosos y trágicos. Puede tener su origen en el éxito deportivo, en ese enfrentamiento entre David y Goliat (o entre Frodo y Ellalaraña, para los nerds fanáticos de Tolkien) que pone al equipo de menores recursos (que no son pocos, tampoco) contra un *maelstrom* de poder futbolístico que, como Sauron (o Belcebú), se encuentra destinado a fracasar. Pero también puede ver su génesis en enfrentar al mundo con una particularidad, en escribir su historia con desparpajo, en ser el primero en lograr lo que a nadie más le interesó lograr o, simplemente, en quedarse en las puertas de la gloria grande, como Ícaro (que creemos es otro personaje de El Señor de los Anillos, pero no lo tenemos confirmado).

Y son justamente estas historias, las de aquellos que hemos denominado "Pequeños Gigantes" las que nos gustan, las que nos aceleran el pulso y nos hacen sonreírnos de costado, con aquella famosa sonrisa oblicua inentendible de toda novela negra. Son historias pequeñas pero fastuosas, maravillosas en su simpleza y complejas en su maravilla (uh, es re-fácil parecer profundo poniendo frases como esas... A ver si sale otra... "Graciosas en su tragedia y trágicas en su gracia"), que nos permiten ponerle una cuota de humor y humanidad al gran drama que, a veces, parece ser el fútbol.

Como nada está realmente finalizado hasta que no es compartido, nos parecía que el primer libro de esta incipiente editorial que es BSM Libros (esperamos que sea tan sólo el primero de muchos o de, al menos, varios) tenía que ser el medio de compartir esas historias que muchas veces no son tan conocidas pero son la salsa que hacen que el fútbol sea un deporte tan maravilloso.

1. LOS CABALLEROS DE LA REDONDA

"El club Alumni es el símbolo de la época amateur del fútbol argentino". Muchos repiten esta frase pero pocos comprenden su verdadera esencia. Después de leer las siguientes líneas, usted será uno de los que seguirá sin comprenderla.

El escocés Alexander Watson Hutton, conocido como el padre del fútbol argentino (al día de hoy se desconoce quién es la madre), llegó a la Argentina un 25 de febrero de 1882. En sus valijas traía, además de ropa, libros, un alicate y un MP3, sus ideas acerca del deporte como un componente esencial de la enseñanza escolar.

Luego de pasar por el Saint Andrew's Scotch School (Escuela de Whisky de San Andrés), en 1884 funda el Buenos Aires English High School, colegio en el que la práctica del fútbol sería una de las materias fundamentales para sus alumnos. De hecho, muchos se la llevaban a diciembre o a marzo.

El English High School participó por primera vez y sin éxito en el torneo de 1893, que quedó en manos del Lomas AC. En 1895 volvió a participar, con idéntico resultado.

En 1900 decide repatriar a los jugadores que había prestado tanto a Lobos AC como a Lanús AC y así, con el equipo completo, obtiene con comodidad el torneo, dando inicio a la racha ganadora más grande de la historia del fútbol argentino. Pero todavía se llamaba English High School, un nombre demasiado largo como para pasar a la historia. Por eso, y tal vez por otras razones, en 1901 la AAFL (Argentinian Asociation Football League) obliga a los equipos de los colegios a cambiar sus nombres, por lo que el EHS, como un kamikaze, se inmola para dar a luz al sexto grande del fútbol argentino: el Alumni Athletic Club.

¿Qué particularidades tenía este equipo? A propósito de eso, Ernesto Escobar Bavio[1] escribió un libro titulado "Alumni, cuna de campeones y escuela de hidalguía". Ya el título nos da a entender un poco de qué se trata: la tradicional caballerosidad deportiva inglesa, el deporte como escuela de vida, bla, bla, bla, todas esas cosas que el rugby conserva y que el fútbol perdió. O nunca tuvo. Luego de derrotar en la final de la Copa de Honor (una copa que se jugaba en Montevideo entre el campeón uruguayo y el campeón argentino) de 1906 al Nacional de Uruguay, decidió retirarse de las futuras copas debido a la rudeza con que lo habían tratado los rivales (jugadores e hinchas). ¿El primer equipo lírico de la historia? ¿O unos llorones? La polémica sigue abierta.

En definitiva, jugaba con alumnos y ex-alumnos de su escuela e intentaba respetar el buen juego y el *fair play*, todas esas cosas que a los ingleses les dejan la conciencia tranquila para poder invadir y saquear otros países.

Sin embargo, contrariamente a lo que podría pensar un

periodista egresado de la escuela de Niembro y Araujo, fue un equipo exitoso. Su primer torneo con su novel nombre fue el de 1901 y lo obtuvo con el 100% de los puntos. Durante los torneos de 1902 y 1903, el rojiblanco jugó dieciocho partidos, ganó dieciséis, empató uno y perdió uno, ante Belgrano AC, quien en 1904 le arrebataría el título, en un repudiable caso de inseguridad.

En 1905 Alumni recuperó su título, el cual mantendrá también los dos años siguientes. En 1906 protagonizó otra polémica: jugó un partido, contra Belgrano Extra, sin su arquero, José "Buruca" Laforia. Laforia venía de Barracas Athletic, equipo que luego de desprenderse de "Buruca" siguió jugando con Winston Coe, un arquero con la particularidad de ser manco. No nos parece algo tan determinante.

Pero volvamos al día que Alumni jugó sin arquero. O mejor dicho, su arquero jugó pero de delantero y nadie cubrió su lugar. El resultado: una victoria por 9 a 0 (el octavo convertido por Laforia, justamente) y un acuerdo entre los capitanes para jugar sólo dos tiempos de treinta minutos. ¿La expresión del fútbol total, en su estado de máxima pureza? ¿O usted lo interpretaría como una cargada, motivadora de artera patada en el tobillo a Laforia procurando conectar ese punto exacto en que se tocan tibia y peroné?

En 1908 se toma un año sabático y Belgrano AC vuelve a interrumpir la racha ganadora del equipo de los hermanos Brown (conocidos como los "Tatas"). En 1909 vuelve a saborear el empalagoso elixir del éxito, relegando al segundo puesto a un adolescente River Plate. El título se repetirá en 1910 y 1911, año que será finalmente su despedida de la existencia (suceso también llamado muerte).

Se retiró en la gloria, como un caballero, antes de que el fútbol lo retirara a él. Tuvo la delicadeza de esperar que ese año llegara a la primera el Racing Club de Avellaneda, para entregarle en mano la posta del fútbol amateur, con un historial que marcará un triunfo para cada uno. Seguramente su última frase debe haber sido "ya no se juega como antes".

---

1 Escobar Bavio, Ernesto (1953). *Alumni, cuna de campeones y escuela de hidalguía.* Editorial Difusión, Buenos Aires, Argentina.

2. EL ORGULLO DEL PEQUEÑO GIGANTE

El libro que Ud. está leyendo en este momento se llama *Pequeños gigantes*. Ud. seguramente pensará en este instante: "Eso ya lo sé, vi la tapa antes de comprarlo/robarlo". Lo que quizás todavía no sepa es cómo es que este grupo de autores encontró título para este libro. Al leer este capítulo, Ud. comprenderá que el simpático epíteto oximorónico que define perfectamente el espíritu de todos los equipos que aquí quisimos homenajear, es un homenaje también al autor del himno del 15 de Novembro, el pequeño gigante por excelencia, el subcampeón más gallardo del continente, el que debió doblegar a un grande y fue doblegado cuando casi lo lograba.

"Orgullo del pequeño gigante..." comienza el himno del glorioso "15". Y es que las tierras gaúchas (lea bien, no dijimos "gauchas" sino "gaúchas", es decir, las del estado brasileño de Río Grande do Sul) tienen una tradición de bravura y grandeza, desde el tiempo de la *Revolta dos Farrapos*, una maravillosa revolución en la que Bento Gonçalves junto con nada menos que Giuseppe Garibaldi (el héroe unificador de Italia, que había nacido en realidad en Niza, y que estaba a préstamo en la verdeamarela) le declararon la guerra al gobierno imperial del Brasil y fundaron una república independiente. La República Rio-grandense duró nueve años en el medio del siglo XIX y después cayó. Pero también cayó poco más tarde el Brasil imperial, exactamente el 15 de noviembre del año 1889, cuando se proclamó la República de los Estados Unidos del Brasil.

De allí en más, Rio Grande do Sul proveyó al Brasil de seis presidentes, de los cuales se destacan Getúlio Vargas, que prefirió el suicidio antes que la dimisión pretendida por los militares, y João Goulart, aparentemente envenenado en el exilio en Argentina a fines de 1976, imagínense por quiénes, luego de haber sido derrocado en el 64 con apoyo de la CIA y con los marines en las gateras por si había resistencia. Trágico destino el riograndense a lo largo de la historia.

Porto Alegre es hoy la capital de Río Grande do Sul, pero nunca fue la capital de la república fundada por los rebeldes farrapos. De Porto Alegre son los dos equipos grandes del sur del país transuruguayo, el Inter y el Grêmio, ganadores de mucho. Pero nuestro equipo favorito de la tierra farroupilha es uno que sólo llegó a subcampeón. El "15", diría Chilavert, es un equipo que "no ha ganado nada". Más lejos todavía iría Maradona con su latiguillo del "no existe", porque en efecto, este capítulo habla sobre un equipo que desapareció en 2008, aunque tiene pensado volver de a poco.

Acompáñenos entonces antes de su refundación triunfal a hacernos todos hinchas por anticipado, para que cuando llegue a grande no nos acusen de subirnos al fácil caballo domado de la victoria.

El 15 de Novembro tiene un escudo con el número "15" dentro de un hexágono, y con esto ya se diferencia de los equipos que portan blasones de estilo medieval, lógicos para algún club donde tuvieran fichado a Ivanhoe o a Sir Lancelot, pero no para un moderno club que pretende distinguirse con el fútbol. El "15" es el club más bonito del pequeño pueblo de Campo Bom.

En 2004, el "15" llegó a la semifinal de la Copa do Brasil contra todo pronóstico, y cayó solamente ante otro pequeño gigante, al que sugerimos que busque en este libro pues lo habrá de encontrar: el Santo André que como puede deducir a esta altura, jugó la final ese año.

Ese tercer puesto del "15" sorprendió al país entero al llegar desde un campo tan humilde, tan lejos de las capitales. La banda pop Engenheiros do Hawaii ("Ingenieros de Hawai") en la mitad de los noventa marcaba su origen gaúcho titulando a un disco *Longe demais das capitais* ("Demasiado lejos de las capitales"), aunque después, por cuestiones estratégicas del mercado musical se mudarían a São Paulo, borrando aquel orgullo sureño con el codo. Por cierto, ya lo adivinó quizás, el líder de la banda es hincha del Grêmio.

Ahora bien, volviendo al verdadero sentimiento gaúcho ¿quién era el técnico del "15" en esa copa de 2004? Un técnico ignoto que venía de dirigir equipos más chicos todavía, todos del sur, y que a partir de esa pasada por el "15" protagonizó la escalada más grande de la que se tenga registro desde esa fecha hasta hoy, empatándole quizás a la de la red social Facebook: Mario Menezes, quien al término de esta edición todavía está al mando de la selección de fútbol del Brasil.

Pero a la historia de la Copa de Brasil le llegó su momento fukuyama de ponerle fin, para que pasemos a los párrafos más gloriosos del "15" como animador del torneo de Río Grande do Sul, conocido como el "Gauchão". En 2005 el "15" maravilló a todos llegando por tercera vez a la final, para caer nuevamente en dicha gloriosa instancia ante el mismo rival de las dos anteriores... el poderosísimo Inter. Es que eso de "la tercera es la vencida" resulta engañoso, sobre todo si analizamos lo que entendemos por "vencida". La camiseta del "15" fue vencida sin miramientos las tres veces.

Y esta tercera final, como anticipábamos, fue muy Noelia (es decir "igual, pero distinta a las demás"). Si bien el Inter dio la vuelta olímpica, esta tercera vez, el campeón merecido fue sin dudas el "15". El primer partido, en casa del Inter, fue aburrido y esperable: un 2-0 a favor del equipo rojo. Pero la vuelta fue un partido pleno de emociones. La canchita del suburbio de Campo Bom estaba más que desbordada en ese 14 de abril de 2005. El 15 posó para las cámaras con toda su ilusión, con los dos arqueros y los dieciséis jugadores de campo, para que nadie que estuviese en el banco no se sintiera parte del todo. La prensa quería al Inter campeón. Medio Río Grande do Sul quería al Inter campeón. El árbitro claramente quiso al Inter campeón. Pero el *orgullo del pequeño gigante* quiso por momentos escribir una historia distinta.

En ese memorable partido final de vuelta, el "15" ganó 2 a 0 en los 90 minutos, para el delirio de la hinchada amarilla. Hubo que ir al alargue, a un alargue emocionante como muy pocos, ya que en el alargue desde hace muchos años se suele amarrocar a más no poder. Enseguida, gol del Inter, del héroe malévolo de la tarde, Souza. Eso significaba Inter campeón. Pero a los dos minutos, el "15" logra un golazo emocionante a través de un fierrazo impresionante que se clava en un ángulo y lo pone transitoriamente como campeón. Se desata la locura. Pero no era locura común, era bipolaridad: a los dos minutos se desata el llanto: llega el tercer gol en cuatro minutos, esta vez para el Inter, otra vez Souza, para poner el 2-1 en el alargue. El "15" no se entrega, sino que sale con todo a buscar el nuevo empate que le daría el título, pero el árbitro una y otra vez lo impide. Al final, con todo el equipo yendo arriba, el árbitro se ve venir el gol del "15" y entonces termina el partido: ¡iban 13 minutos 45 segundos del suplementario!

¿Qué fin se imagina que tuvo el árbitro de ese cotejo? No, no lo suspendieron de por vida, ni lo ajusticiaron, sino que lo enviaron a dos mundiales seguidos más (ya había ido a Japón/Corea 2002).

¿Y qué fue del "15" entonces? ¿De dónde vino y hacia dónde fue? El club fue fundado en 1911, y en su era amateur ganó varios títulos regionales. Como profesional, este club arrancó en el '94 en la Segunda División gaúcha, donde se alzó con dos subcampeonatos. Uno de estos subcampeonatos le valió un ascenso y de allí el acceso a su época dorada, ya que de 2000 a 2008 jugó en la máxima categoría (gaúcha) y consiguió las tres finales perdidas de 2002, 2003 y 2005, y el tercer puesto en la Copa de Brasil 2004. Un trofeo que figura en su palmarés es la Copa Emídio Perondi, que si pudiéramos la omitiríamos por estos motivos: a) se disputó dos años solamente, b) otorgaba al ganador una plaza en la C del torneo nacional y al perdedor, su descenso a la B estadual (es decir, era una promoción disfrazada de copa).

El fútbol desapareció del "15" por una crisis económica y ahora con motivo del centenario del club han decidido empezar de cero, abriendo *castings* para arrancar con la escuela de fútbol, con vistas a crear una cantera que comenzará disputando sólo torneos de inferiores. Una refundación del fútbol, una deconstrucción hecha y derecha a la que sólo le auguramos la grandeza a sus nuevos pequeños.

El himno del "15" con el que casi arrancó este capítulo es alegre, bailable, pegadizo. Invita a ser bailado con un pasito de carnaval carioca en vez de entonarse formando esa barrera de once de cuando suenan los himnos. Su letra avanza para describir un futuro aún no sucedido, que nos deja tan atónitos como esperanzados y embebidos de su adorable convencimiento: "Quince, Quince, Quince, tantas veces campeón, con garra vamos a luchar trayendo el trofeo de la conquista en la mano".

3. MAESTROS QUESEROS

Desde ya hace un tiempo que los mundos de los lácteos y del fútbol vienen entrecruzándose. Equipos como el Lecce y jugadores como el "Leche" Lapaglia o Telechea marcaron el camino. También se popularizó el término "mala leche" para describir a los jugadores malintencionados, no pasteurizados o vencidos (en su impotencia). Muchos torneos son descriptos como "copas de leche" para marcar que todavía están en pleno crecimiento. Pero lo que nos faltaba para una mayor compenetración era un equipo explícitamente quesero que viniera a competir en las altas esferas. La solución iba a llegar del otro lado de la Cordillera de los Andes. Ésta es la historia de Deportivo Quesos Kümey y su epopeya láctea en la Copa Chile 2011.

El Club Social y Deportivo Quesos Kümey es seguramente el pequeño gigante más joven de todos. Fue fundado en mayo de 2009 por Jaime Figueroa, dueño de la quesería Kümey y fanático del fútbol, quien enseguida puso a Juancito, su hijo, como gerente de la empresa y director técnico del equipo. Según Don Jaime, el equipo quesero se fundó (no fundió) luego de que una sociedad anónima se adueñara de Provincial Osorno y dejara a varios jugadores en la calle. El "Jeque del Roquefort", como lo llama el fabuloso diario *La Cuarta*, tomó entonces la decisión de contratarlos, poner la tarasca y afiliarse al fútbol amateur.

El proyecto deportivo de Quesos Kümey era muy serio. No obstante, como siempre dijo su dueño, "Lo nuestro son los quesos, el fútbol es sólo por amor a la camiseta", por lo que, tal como hiciera Montgomery Burns en aquel episodio de *Los Simpson* en el que contrataba estrellas del béisbol para que trabajasen en la planta de energía nuclear, estos ex profesionales no arribaron a la empresa sólo para jugar al fútbol sino también para aportar su esfuerzo en desarrollar deliciosos quesitos. De hecho, el arquero Raúl Imilpán, ex Osorno y Wanderers, se desempeña como jefe de bodega. Dicho sea de paso, no sabemos bien cómo Quesos Kümey eligió a Imilpán para jugar en el equipo, pero dado el carácter del club y el nombre del arquero, calculamos que fue tras una ronda de "pan y queso".

El salto a la fama del equipo se dio tan sólo dos años después de su creación. Tras ganar imprevistamente el campeonato regional de Los Lagos (venciendo a escuadras interesantes como Comercio o Estrella del Sur y a otras del tenor de José Carreras), el equipo pudo disputar la Copa Chile, un torneo similar a la Copa del Rey. Si bien el fútbol amateur chileno consta de muchos equipos con nombres divertidos (Deportivo Enfoque, Deportes Rengo, Sportverein Jugenland, Lautaro, Real León, Juventud Varsovia, Lord Cochrane), Quesos Kümey ya llamaba la atención entre los pocos que estaban atentos al desarrollo del fútbol amateur trasandino.

Gracias a haber ganado el torneo regional, Kümey pudo entrar directamente a la tercera ronda. Allí justamente enfrentaría a su hermano mayor: Provincial Osorno, un equipo tradicional del fútbol sureño muy venido a menos. Nadie esperaba una victoria de QK, pero era una buena manera de ganar experiencia. Esa tarde, los jugadores salieron un ratito antes de la fábrica para jugar el partido. La contienda fue áspera, con la lluvia y el viento como protagonistas. Al parecer, el viento esta vez sí le dijo a la lluvia que los jugadores queseros querían volar y volar. Inesperadamente, a los seis minutos, Carlos "El Biblia" Cáceres, uno de los ex Osorno, ensayó una parábola futbolera y abrió el marcador.

Sin embargo, el hermano mayor no se iba a dejar vencer tan fácil. Luego de un discutido penal marcó la igualdad y parecía que la situación se encarrilaba. O no. A los treinta y tres minutos del segundo tiempo por fin alguien iba a entender al "Biblia", que había quedado muy solo arriba: Alejandro Figueroa, el "Exegeta", habilitó a Cáceres para marcar el segundo. No faltaron las protestas de parte de Osorno, que reclamaban mano de parte del "Biblia" (ni hace falta aclarar de quién fue la mano en verdad). Dos minutos más tarde, Hidalgo señalaba el 3 a 1 definitivo e histórico para Quesos Kümey.

El pequeño de la región, la empresa de quesos que mezclaba queseros aficionados con descartes de Provincial Osorno vencía al mismísimo Osorno, por 3 a 1 en el partido de ida.

El resultado se convirtió en un fenómeno total en las redes sociales. #Quesoskumey se convirtió en uno de los temas más comentados en Twitter, superando incluso al clásico universitario que definía el título esa misma jornada. Las páginas en Facebook que le declaraban su amor al conjunto quesero se multiplicaron en minutos. El fanatismo generó además un nuevo y genial sobrenombre, los "Galácteos", con el cual todo Chile se encariñó.

En el partido de vuelta, luego de sufrir el segundo gol de Osorno a falta de 5 minutos, fueron a los penales. Entonces el héroe fue Raúl Imilpán, el ex Provincial Osorno y actual jefe de bodega de la empresa, quien contuvo uno de los remates permitiendo que los queseros pasaran a la siguiente ronda, donde le esperaban equipos profesionales de primera y segunda división. Los jugadores no lo podían creer. Con el equipo *part time* del laburo volvían a las grandes ligas. Esa mezcla entre dos pasiones tan hermosas como el fútbol y los quesos había llegado a su clímax.

Lamentablemente, Quesos Kümey no cuajó tan bien en la siguiente fase de la Copa Chile. El sorteo los ubicó en el mismo grupo que Puerto Montt, Universidad de Concepción (de la Primera División) y Unión Temuco (equipo propiedad de Marcelo Salas). Perdieron los seis partidos, recibiendo dieciocho tantos y convirtiendo cuatro inolvidables goles.

Más allá del anecdótico final, Quesos Kümey ya se había ganado el corazón de todos. Es cierto, ganando sólo un partido. Pero pasar de ser una simple quesería familiar, con un plantel que entrena sólo dos veces por semana y que tiene como prioridad ganar el campeonato quesero, a codearse con equipos de primera división no es una victoria menor. Especialmente si, aun vencidos, los quesos estaban en boca de todos, generando una verdadera intoxicación popular.

4. TELA PARA NO CORTAR

Kashmir, conocida en castellano como Cachemira, es una región de la India que vive en conflicto hace décadas, a causa de la intención separatista y la creciente violencia que ha supuesto el sistemático desoír de las autoridades indias. Atravesada por la guerrilla y la represión estatal, cerca de cincuenta mil personas han perdido la vida en los últimos treinta años. Se ubica en la frontera india con Pakistán y ha sido eje de un añejo conflicto entre ambos países.

¿Hay posibilidades de pensar en fútbol en esta inhóspita y revuelta región? No. Bueno, en realidad sí, porque de otro modo no estaría en este libro.

La región de Jammu y Kashmir, repetidamente relegada de la vida india, posee su asociación de fútbol, la J&KFA. La misma organiza el fútbol en varias divisiones, que se juegan en pobres condiciones y con la violencia como constante amenaza. La región posee una selección, el Jammu and Kashmir Football Team, que juega la Santosh Trophy, una copa que enfrenta a las distintas regiones de la India. Por supuesto, esta selección no es reconocida por la nefasta FIFA.

Si bien nunca ganaron la copa, cada partido es más que un encuentro de fútbol. En cada match en donde se defiende la camiseta de Kashmir (no estamos diciendo que la camiseta esté hecha de kashmir, aunque tampoco lo desmentimos), se pone en juego la historia y el orgullo de esta región cuyo reclamo la India se empeña en acallar.

La participación de Kashmir, incluso, estuvo prohibida por más de treinta años. La vuelta al torneo, por eso, fue la forma de seguir mostrando su resistencia. La llegada a cuartos de final en 2008 fue la más grande hazaña. El enfrentamiento contra Punjab terminó en escándalo. Cuando las esperanzas de la afición local mantenían viva la llama del orgullo kashmir, el delantero de Punjab mandó el balón al fondo de la red, enmudeciendo a la torcida. Festejó el gol de cara a los locales, gesticulando ofensivamente. La reacción no se hizo esperar: el público invadió el campo y todo terminó a los tiros. La vuelta de Kashmir a la batalla deportiva tenía sus agridulces: ver a sus representativos defender con orgullo sus colores, llegar a cuartos de final; pero volver a la violencia.

La discriminación hacia los oriundos de Kashmir es algo muy fuerte en la India. Sea quien sea, se les dice terroristas, y se les niega el pasaporte. El fútbol aún daría revancha, y un pequeño gigante empezaría a torcer la desigual historia de sometimiento.

El argentino Juan Marcos Troia se enamoró de la región y decidió fundar una academia de fútbol para integrar a los jóvenes y proponer una actividad deportiva y cultural que los alejara de la violencia y mostrara la mejor faceta de los kashmires. Algunas fuentes afirman que Marcos es brasileño, pero todo tiene su explicación. El ídolo argentino se recibió de técnico en San

Pablo, y conoció a su mujer Priscila Barros Pedroso, brasileña ella, en Kashmir. Allí decidieron fundar el ISAT (International Academy Sports Trust), una academia de formación futbolística para los jóvenes en la capital, Srinagar. Desde 2007 en adelante, les fue tan bien que fueron creciendo y poco a poco abriendo otras academias en distintas ciudades. Los resultados aparecieron a pasos agigantados y pronto decidieron formar un equipo que compitiera en las ligas kashmir. Así nace el ISAT FC.

Las hazañas de este nuevo club en esta complicada región son impresionantes. Comenzó militando en la Tercera División de Jammu and Kashmir en 2008. Terminó la temporada invicto, logrando el ascenso a la Segunda División regional. Nuevamente, ningún otro equipo logró doblegarlo, y asciende a la Liga Mayor de la región, siendo un caso excepcional de un equipo que apenas creado y en sólo dos años, asciende dos niveles sin perder un solo partido.

Más allá de esta hazaña y los objetivos sociales del ISAT, cabe señalar que se trata del Boca indio, ya que sus colores son el azul y el amarillo en homenaje al club porteño -o como dice la web oficial del equipo, "de la pequeña ciudad de Buenos Aires"- del cual es hincha Juan Marcos Troia.

Otro de los logros es haber enviado a dos jugadores surgidos en el ISAT al fútbol brasileño, donde se entrenaron como parte del Santos para ganar experiencia. Uno de ellos, el emblema del equipo, Basharat Bashir Baba, pudo así por fin obtener su pasaporte, que era negado por ser hijo de un reconocido activista separatista.

A su vez, el escudo es una combinación de las banderas argentina y brasileña, más una pelota-mundo enfocada en el continente americano.

Es el equipo más sudamericano de la India. Es el equipo que encarna la lucha contra la opresión y el orgullo de pertenecer. Quién sabe si en un futuro no muy lejano no compita de igual a igual contra los equipos de las máximas ligas de la India, llevando su mensaje kashmirargentinobrasileño al centro del poder.

5. SON UNOS MUERTOS (VIVIENTES)

Hay una isla del Caribe que no tiene ni la mística fitotoxicomusical de Jamaica ni la gloria revolucionaria de Cuba. Es el primer pedazo de tierra americana que pisaron pies españoles (o italianos, en realidad, si es que Colón fue el primero en bajar de la Santa María). Cristóbal la bautizó en 1492 Isla Española, en un acto creativo con menor vuelo que su viaje transatlántico.

Por esas cosas del colonialismo, la isla quedó dividida en dos: una parte española *itself* (hoy República Dominicana) y una parte francesa (hoy Haití). Sobre la selección de este último país vamos a hablar en este capítulo.

Haití tiene una larga tradición en problemas: desde la sangrienta dictadura de la familia Duvalier hasta el terremoto de 2010, pasando por su extrema pobreza y los huracanes que lo azotan. Es más, podría decirse que no juega en el equipo de las Islas Paradisíacas, sino más bien el de las Islas Malditas.

Parte de esa mística oscura es la popular práctica del vudú (no confundir con el budismo). El vudú, en su versión internacional, recordemos, es tomar un muñeco y pincharlo con alfileres. La consecuencia de eso es que la persona real representada por el muñeco sufre esos pinchazos en su cuerpo. Una variable sin tanta metáfora y omitiendo el muñeco intermediario fue aplicada por Bilardo y Pachamé en el legendario Estudiantes de La Plata de los 60.

El vudú, en su versión haitiana, viene con una serie de *upgrades* pesados, entre los que se destaca el poder resucitar a los muertos. En realidad, estrictamente hablando, se lleva a una persona a un estado de no-vida.

Pero no todo es magia negra y catástrofe en Haití. También está la alegría del fútbol.

La dificultad de armar una selección en Haití viene de los problemas mencionados antes. Cuando no es una familia de dictadores degollando gente bajo el simpático nombre de Tonton Macoutes, es un terremoto o el SIDA. O las tres cosas juntas, ¿por qué no? Encima, de vecinos tienen que soportar a los dominicanos, que se la pasan jugando al baseball y escuchando bachata.

Sin embargo, las fuerzas oscuras son una fuerza como cualquier otra y la selección de Haití tuvo su momento de gloria a comienzos de la década del 70, contemporáneos de la Naranja Mecánica.

En 1957 François Duvalier, conocido como Papa Doc, tomó el poder y, cual Betito Carranza yendo por la raya, no lo largó hasta 1971. En esos años logró muchas cosas: entre ellas, degollar a todos los que se oponían a su política. Cuando no hubo más cuellos que cortar, se dio cuenta de que estaba viejo y que no había conseguido nada a nivel futbolístico, que es el verdadero sentido de la vida. Ahí es que entra en escena su hijo, Jean Claude Duvalier, quien se hacía llamar Baby Doc, pero que la gente llamaba por lo bajo Baby TXT.

Baby Doc decide que quiere ir a un mundial. Es así que logra que el torneo de la CONCACAF clasificatorio para Alemania 74 se juegue en Puerto Príncipe a cambio de prometerles la vida eterna a los viejos de la FIFA.

Su padre, diez años antes, ya había prohibido las transferencias al exterior, así que los pocos jugadores más o menos buenos que salían sólo podían jugar en Haití o morir. Cualquiera fuese la elección, podían ser parte de la selección y el equipo se terminó armando.

Las malas lenguas dicen que esa clasificación estuvo arreglada. "Justamente por cosas como estas es que nosotros cortábamos las lenguas a los opositores" – contraargumentaba un vocero del régimen.

Lo cierto es que Haití debuta con un 3 a 0 a las Antillas Holandesas y sigue con victorias frente a Trinidad y Tobago, Honduras y Guatemala. En la última fecha, se dan el lujo de perder con México y clasificar igual a su primer y único mundial.

Del partido contra Trinidad y Tobago, el delantero triniteño Steve David (goleador y llorón del campeonato) dijo: "Está claro que todo fue muy oscuro". Su argumento es que el árbitro Henriquez de El Salvador, les anuló cuatro goles. "A llorar al cementerio" —le contestó Baby TXT, con un machete en la mano.

Ya dentro del mundial, el sorteo los pone compartiendo zona con Italia, Polonia y la Argentina de Quique Wolff. La mayor parte de los jugadores haitianos viajan por primera vez fuera de la isla y no pueden creer la cantidad de gente no-zombie que habita el mundo. Uno de ellos, el gracioso del grupo, baja primero del avión y bautiza Voodoo Island a la República Federal Alemana, entre risas de las azafatas que ladean sus cabezas, como diciendo "¡Qué negritos encantadores!".

Llegados a este punto, la gran pregunta era cuál sería el desempeño del equipo haitiano, lejos del poder sanguinario y el apoyo de la hinchada zombie. Respuesta: perdieron los tres partidos (¡incluso contra Argentina!).

Quique Wolff recuerda: "Me venía a encarar el 9 de ellos, con los brazos extendidos y diciendo 'cerebro, cerebro' y yo lo miraba y le decía '¿Qué cerebro, el boliche de Bariloche?'".

Pero quien recuerda la selección haitiana con displacer es el legendario arquero italiano Dino Zoff, que llevaba invicto 1142 minutos en partidos internacionales hasta que ese mismo 9 que recordaba Wolff se la mandó a guardar. "Pusimos el cattenaccio y estos negros de mierda nos rompieron la cadena" —declaraba el hombre nacido en el norte de Italia.

Días más tarde, la selección voodoo escribiría su nombre en la Historia otra vez: Ernst Jean Joseph toma un "remedio para el asma" que le da positivo en un control, siendo el primer caso de doping en mundiales. Los delegados del gobierno de Duvalier que estaban en Alemania lo agarran de los pelos, lo azotan delante de toda la prensa y se lo llevan para Haití. "Es para que se recupere del broncoespasmo, acá hay mucha humedad" —decían mientras le medían el cuello.

Esa noche los jugadores no duermen ya que padecen el Síndrome de Mancuello (imágenes de muertos vivos degollados que juegan al fútbol). Al otro día, los polacos de Lato les ganan 7 a 0. "Esto es el triunfo del catolicismo versus las fuerzas del mal. Ustedes tuvieron a Papa Doc, nosotros vamos a tener a Papa punto asterisco" —dijo eufórico la estrella polaca.

Nunca más pudo clasificar Haití a un mundial. Algunos dicen que el terremoto fue la manifestación de los millones de no-vivos que se agitan en sus tumbas, recordando la gloria pasada, al grito de "El que no salta es un vivo".

6. RAPSODIA BOHEMIANS

Si hablamos de fútbol y digo "los bohemios" usted inmediatamente piensa en... los Bohemians de Praga. Más precisamente, el FC Bohemians 1905 (nombre oficial y nick de MSN), de la ciudad de Praga, República Checa.

Este club se inscribe casualmente en 1905 a la Federación Checa de Fútbol con el nombre de AFK Vrsovice. Por ese entonces sólo había cuatro equipos inscriptos en la incipiente liga checa.

Recién en 1927 iba a adquirir el nombre que lo llevaría a la posteridad. Ese año, el club realizó una gira por Oceanía que lo marcaría a fuego, no sólo por las altas temperaturas, sino porque allí forjó definitivamente su identidad que, como veremos más adelante, sería varias veces amenazada.

Provenientes de Bohemia, una de las tres regiones en que se divide la República Checa, fueron rebautizados por los australianos, gente sencilla y, ¿por qué no decirlo?, sin mucho vuelo (nos referimos al vuelo simbólico ya que en general tienen muchos vuelos en avión debido a su ubicación geográfica

—aclaramos esto por si lo llega a leer un australiano, que como ya sabemos...—) como los Bohemians. Pero no sólo el nombre se trajeron de sus vacaciones. Maravillados por la geografía, o simplemente por el furor estúpido que invade a la gente cuando se convierte al modo turista, decidieron traerse también como souvenir un canguro para su escudo. Comparado con otras magras excursiones que realizan los clubes de pretemporada por un puñado de billetes, y sin conocer los resultados de los partidos jugados, podríamos afirmar que fue una gira exitosa, casi un viaje fundacional.

Pero, como dijimos anteriormente, los Canguros (también adquirieron un apodo) sufrirían sucesivos cambios de identidad a lo largo de su historia. Durante la ocupación nazi, los hombres de sobretodo negro decidieron que Bohemians era muy largo (o muy inglés) y lo modificaron por Bohemia a secas, mostrando el fino y delicado estilo nacional-socialista para la censura. No podemos descartar que no sea un homenaje para Charles Aznavour.

Después vinieron los soviéticos (pero a mi no me importó) y, siguiendo con la lógica de los gobiernos totalitarios de que cambiando el nombre de las cosas cambian las cosas, el club pasó a llamarse Spartak Praga Stalingrado. Pero bueno... no sabemos si es peor eso o que, hoy en día, cada vez que nombramos a la vieja y querida Copa Libertadores debamos anteponer el nombre de un banco o de una automotriz multinacional.

Finalmente, llegarían los momentos de gloria para los Bohemios. La única liga de su historia la obtuvieron en la temporada 82/83. Sin embargo, ése no fue el mayor logro de este club: lo que hizo que este pequeño gigante ingrese en la historia grande del fútbol (y, por ende, en este libro) fue haber criado y forjado sobre su césped y desde niño a Antonín Panenka, el primer hombre en la

Tierra que picó un penal.

Declararía más tarde el hoy presidente de esta centenaria institución: "Yo inventé ese penal aquí, sobre el césped de Bohemia. Después de cada entrenamiento, me quedaba pateando penales con el arquero Hruska... jugábamos por cervezas o chocolates y él ganaba siempre... entonces, comencé a pensar una forma de ganarle... fue dos años antes de la final de Belgrado. El inconveniente fue que empecé a engordar por las cervezas y los chocolates...". Así nos lo recuerda este hombre, el inventor del penal "alla Panenka", físicamente un clon de nuestro Leopoldo Jacinto Luque.

¿A qué se refiere con la final de Belgrado? Al partido decisivo de la Eurocopa de 1976, disputado entre Checoslovaquia y Alemania Federal, el campeón del mundo por ese entonces.

Empezaron ganando los checoslovacos por 2 a 0 pero, inocentes, desconocían que, ya entonces, era el peor resultado. Los alemanes, fríos y sádicos, esperaron hasta el minuto 90 para hacer cumplir la máxima y mandaron el partido al alargue.

Durante los siguientes treinta minutos lo más emocionante fue el cambio de Vesely por Dobias en Checoslovaquia en el minuto ciento nueve. Pero llegaría, finalmente, la tanda de penales y, ahí sí, la inscripción en el libro de la historia del fútbol.

Los checoslovacos metieron los primeros cuatro penales y los germanos, los primeros tres. Pero erraron el cuarto. Y llegó el turno de Panenka. Si metía, ganaban. Si erraba, pateaba el quinto el equipo de Beckenbauer. "Matalo", se escuchaba. "Rompele el arco", le gritaban, vaya a saber por qué en perfecto español, sus compañeros. "Usa la fuerza", dijo un compañero de lenguaje más depurado. Pero fue el "Apuntale a la cabeza" lo que trajo a su memoria el rostro de Hruska, luego el verde césped del Dolicek Stadion y, más tarde, el chocolate y la cerveza. Y, como en una publicidad de dicha bebida, el hombre de bigotes se acercó a la pelota, tomó larga carrera y se metió en la historia grande del fútbol mundial.

7. EL EQUIPO DE HOUSSAY

El equipo de la Facultad de Medicina tal vez no tenga en su palmarés un Torneo Apertura, una Copa Libertadores o una Supercopa. Tampoco siquiera un torneo de ascenso. Lo que sí ostenta, y no sabemos si otro club en el mundo puede hacerlo, es haber conseguido un Premio Nobel. Sí, el mismo premio que el señor de los "veintidós tipos corriendo detrás de una pelota" no pudo conseguir.

Así es: Bernardo Alberto Houssay, premio Nobel de Fisiología y Medicina en 1947 por sus trabajos sobre el papel de la hipófisis en la regulación de la concentración de glucosa en la sangre (algo importante para el conocimiento de la enfermedad vulgarmente conocida como "diabeti"), jugó en el equipo de su facultad en los comienzos del siglo pasado, en los albores del fútbol argentino.

Evidentemente, este muchacho no perdía el tiempo. Recibido de bachiller a los trece años, a los diecisiete ya era farmacéutico y a los veintitrés, médico. Y se ve que no era de esos a los que les costaba estudiar y se llevaban muchas materias a diciembre porque además se hacía tiempo para jugar al fútbol.

Nacido en 1887, cuatro años antes de la disputa del primer campeonato oficial argentino, tuvo su momento de gloria futbolística a principios del siglo XX.

Corría 1905 y el pequeño River Plate, con sólo cuatro años de vida, daba sus primeros pasos en la tercera categoría del fútbol argentino. Al igual que hoy, 2012, ya un anciano centenario, militaba por las categorías del ascenso. Su debut absoluto fue ante el equipo de la Facultad de Medicina. Y fue derrota por 3 a 2. Así comenzó la historia de River.

Pero lo importante fue que en el partido de vuelta jugó de delantero un por entonces desconocido estudiante de medicina, el "Bernie" Houssay. El 4 de junio de 1905 quedó en su memoria con mucha más fuerza que el 10 de diciembre de 1947, día en que le fue entregado el prestigioso galardón sueco. Así lo recordó el mismo Houssay en una entrevista concedida al diario *El Mundo* en 1967: "El fútbol es un deporte maravilloso. Ahora hace muchos años que no veo un partido. Pero yo he jugado. Para el equipo de mi facultad, recuerdo. Espero no equivocarme, pero creo que fue en 1902".

Ese día, la precisión de este hombre acostumbrado a mirar por el microscopio le permitió marcarle dos goles al equipo que con el tiempo sería el más ganador del fútbol argentino a nivel local. Fue un pionero de los médicos que aplicaron sus conocimientos al fútbol. Años más tarde, el doctor Bilardo los utilizaría para intentar envenenar a un rival en un mundial (según versiones, se habría ausentado el día del Juramento Hipocrático por una simbólica gastroenterocolitis). Y más contemporáneamente el rústico defensor, el "Doctor" Herbella, entendió la importancia que tiene para su función el conocimiento preciso de todas las inserciones ligamentarias de sus potenciales rivales.

En definitiva, sus dos conquistas ayudaron a que su equipo volviera a derrotar a uno de los dos más grandes de Argentina, otra vez por 3 a 2, marcando una paternidad sobre los Millonarios que pocos equipos pueden exhibir.

Fue su día de gloria, sólo igualado más de cuarenta años después cuando en la fría Estocolmo consiguió el Premio Nobel para el equipo de la Facultad de Medicina. Ese día se volvió a escuchar el cantito creado en 1905 por la hinchada con guardapolvo blanco como camiseta que, revoleando los estetoscopios, entonó: "Y ya lo ve, y ya lo ve, es el equipo de Houssay".

8. LA GLORIA EN VEINTIÚN MINUTOS

Como diría el defensor de Independiente llamado Galeano, los rankings se pueden mirar patas arriba en la escuela del mundo al revés. En ese contexto, el primer último integrante del ranking FIFA de selecciones de hoy, y probablemente también lo sea mañana o cuando usted esté leyendo o releyendo este libro, es el seleccionado de San Marino.

Hoy en el escalón número doscientos tres de esta nefasta lista, en franco empate con seleccionados de barrio como Montserrat, o de free shops en las montañas como Andorra, la selección de San Marino, apodada "La Serenissima" —y que probablemente perdería por goleada contra el Atlético de Rafaela siempre auspiciado por la competidora Sancor— es quizás el equipo más perdedor del que se haya tenido registro jamás. Pero si de conocer la gloria se trata, o de inscribir un récord envidiable, o de generar al posible futuro Messi del ayer, San Marino también tiene con qué anotarse en la Historia. Y es que muchos saben algunas cosas acerca de San Marino, como por ejemplo que "pierde siempre", pero en esa cruel generalización se pierden los pequeños datos que agigantan sus bienlogradas gestas.

Y si se ha planteado que "se juega como se vive", es obligación decir que el fútbol pequeño adornado de hitos de San Marino, proviene de un país pequeñísimo pero que ostenta por ejemplo el récord de ser el Estado soberano y república constitucional más antiguo del mundo, fundado en el año 301 y con una constitución vigente dictada en el año ¡1600! Como probablemente sepa, San Marino se encuentra completamente rodeado por Italia, y su idioma oficial es el italiano, aunque lo que se utiliza en la calle, por su situación geográfica dentro de la gran bota, es el dialecto emiliano-romañol, que más que nombre de dialecto tiene nombre de jugador de las inferiores de Vélez.

El fútbol en San Marino es semiprofesional. Para llegar hasta su selección veamos ligeramente algo de su curiosa liga: quince equipos en una única categoría sin descensos, cuyo campeón entra en la UEFA Champions League.

Por fuera de la competición local, el "San Marino Calcio" participa de los torneos italianos, encontrándose en este momento en la última categoría profesional del mismo (lo que viene a ser una cuarta división, aunque se llame "Lega Pro Seconda Divisione" para disimularlo un poco). Este equipo cipayo lamebotas del país con dicha forma homenajea al metal alcalino-térreo que se fija en los huesos por la ingesta de lácteos (nótese la relación calcio-lácteos-Serenissima).

El más campeón de la liga es el Tre Fiori. Otros equipos que nombraremos más por simpatía nominal que por palmareses frondosos son el maradoniano La Fiorita y el virilísimo Tre Penne. Otros torneos que se juegan en el micro Estado, pero no en un microestadio sino en las canchas de once, son la Coppa Titano (que otorga la plaza para la UEFA Europa League) y el Torneo Federale, de vital importancia para integrar a los nueve municipios de la república y no dejar fuera de la torta a ningún equipo dentro de sus treinta y nueve kilómetros totales de frontera.

Así las cosas, llegamos a la selección, y no podemos arrancar este párrafo sino con la indignación de quienes se sienten robados desde antes del comienzo de la Historia. Sí, la selección de San Marino existe desde fines de los ochenta, por lo que hasta esa fecha los jugadores sanmarinenses, a efectos futbolísticos, eran considerados italianos. Esto provocó que su máxima figura de todos los tiempos, Massimo Bonini, sólo vistiese la casaca nacional en el ocaso de su carrera.

¡Y vaya trayectoria la de Bonini! De pibe nomás, vistió la camiseta del sub-21 italiano, aunque después no fue convocado nunca para la selección mayor (quizás por intentar hacer pases en lugar de correr, chocar, catenacciar, insultar y dominar otras artes maléficas valoradas mucho por la tradición azzurra). Jugó nada menos que en la Juventus durante ocho años, ganando absolutamente todo (Scudetto, Copa Italia, Copa de Europa, Recopa, Supercopa e Intercontinental).

Lo apodaban "el maratoniano", y eso algo debía significar, aunque no sabemos qué con exactitud. Sí sabemos que era el socio silencioso de la gloria de Platini, ya que su jugada típica era recuperar la pelota y pasársela al francés en franco pique hacia la gala gala del gol. En 1983, Bonini recibió el premio al joven más prometedor del fútbol europeo, galardón otras veces obtenido por Messi, Van Basten, Ronaldo, Del Piero, Butragueño, Kluivert, Maldini, Prosinecki, Rooney, Giggs, Cristiano Ronaldo, Robben, Buffon, Casillas, Guardiola, Baggio y tantos otros cuya gigantez no supo de pequeñeces meritorias como para ser grabadas en el bronce de nuestros homenajes.

El jugador que más veces vistió la camiseta de la selección fue

Damiano Vanucci, hoy al borde del retiro con cincuenta y ocho partidos internacionales.

Sólo ocho jugadores en la historia han conseguido marcar goles en la selección y de ellos uno solo ha conseguido marcar en más de una oportunidad. Por eso, por encima de los siete monoartilleros históricos de la selección sanmarinesa, se corta solo el amigo de la red llamado Andy Selva, aún activo y con un ochocientos por ciento más de capacidad goleadora que todos los demás goleadores de su país: ocho magníficos goles incluyendo el de la única victoria de su historia: la goleada por 1 a 0 contra el principado de Liechtenstein, en un partido amistoso de 2004. Sin embargo, una mancha empaña la carrera de Selva como sanmarinés: nació en Roma.

Cuatro empates y solamente dos derrotas por encima del centenar, es decir, ciento dos partidos perdidos a la fecha, completan la tabla de resultados de esta aguerrida selección, dirigida por Giampaolo Mazza desde 1998, razón por la cual es apodado "el Ferguson de San Marino", no en honor al jugador argentino de cricket Alec Ferguson sino a raíz de la larga permanencia de un tal Alex Ferguson en el marketinero Manchester United inglés.

Cualquiera podría pensar que la gloria nacional debería centrarse en esa única victoria de 2004, pero enseguida demostraremos que la jornada magnífica del fútbol de San Marino ocurrió en lo que los tontos registros calificarían meramente de derrota.

El 17 de noviembre de 1993, durante la fase eliminatoria del mundial de fútbol de la FIFA cuya fase final se jugaría en 1994 en Estados Unidos, el joven atacante Davide Gualtieri provocaría de un único tiro dos hitos en la historia, uno de los cuales constituye hasta hoy día un récord jamás superado: a los 8,3 segundos de pitado el inicio del juego entre San Marino e Inglaterra, Gualtieri se aprovechó de un mal cierre de un defensor inglés para apuntar al arco y vencer al arquero pirata. Resultado: el gol más rápido de la historia de los mundiales (si bien en el mundial de 2002 el "Toro del Bósforo" Hakan Şükür le marcó un gol a Corea a los 11 segundos, la FIFA claramente establece que el mundial de fútbol es una competición que consta de dos fases, una eliminatoria y una final, siendo por tanto indiscutible el récord de Gualtieri en mundiales).

Si bien en algún otro país la presencia de un tipo cuyo apellido empieza con "G" y termina con "altieri" enfrentando a Inglaterra equivale a una plaza llena de banderas, en el estadio de Serravalle esa tarde había solamente setecientas personas. Tal como tristemente ocurriera aquí también, la prensa sanmarinense informaba un falsamente esperanzador "vamos ganando". Y ya se sabe lo que ocurre cuando se escribe esa frase haciendo mofa del imperio pirata. Ocurrió lo inevitable, empezando por un gol marcado a los veintiún minutos de juego para empatar el marcador, seguido por seis pepas inglesas más, para completar un frío 7 a 1 a favor del visitante invasor.

Durante esos veintiún minutos en que el partido estuvo 1 a 0, San Marino derrotó a los inventores del fútbol. San Marino, sí. Warhol hablaba de quince minutos de fama, y San Marino se despachó burlonamente con seis más. San Marino, sí, un país de treinta mil habitantes mandando a sus mejores once a enfrentar a los once mejores de entre casi cincuenta millones de ingleses. Entiéndase en profundidad esta terrible desproporción que siempre perjudica a los países pequeños: por cada sanmarinés hay mil seiscientos sesenta y siete ingleses. Bajado esto a once jugadores por bando, se puede afirmar que por cada jugador de la selección de San Marino, Inglaterra tenía más de mil seiscientas chances de encontrar a un jugador mejor. Así y todo, durante veintiún minutos la Cenicienta bailó con el Príncipe mientras los piratas esperaban que el reloj hiciese lo suyo y los botines de cristal se volvieran de nuevo zapatos redondos de calabaza en los pies de La Serenissima. Durante veintiún minutos, el marcador decía "San Marino 1 – England 0". Durante veintiún minutos, el último orejón del tarro fue el más grande del mundo.

9. DERROCHANDO VACAS

Desde la creación de la era profesional en 1932 y hasta 1998, el fútbol uruguayo tuvo una particularidad muy especial: el campeonato era disputado exclusivamente por equipos de Montevideo. A lo largo de muchos años hubo varios intentos de integración que siempre naufragaron a causa de diferencias económicas o las grandes ventajas deportivas que lograban los equipos capitalinos.

En 1998, a través de licitaciones, se logra finalmente la integración y comienza a disputarse un campeonato uruguayo que abarca todo el territorio. Comienzan a jugar clubes del interior y hay ligas departamentales que se unifican para crear un solo equipo que represente a todo el departamento.

El Rocha Fútbol Club fue creado el 1 de agosto de 1999, producto de la unión de todas las ligas del departamento del mismo nombre. Rocha, donde sale el sol de la patria, obviamente queda al este de Uruguay y es famoso por sus playas oceánicas, en donde turistas de todo el mundo se dejan robar amablemente con precios astronómicos en sus agrestes y *hippie-chics* balnearios.

Pero Rocha no es tan sólo playas. Hacia el interior del departamento hay grandes plantaciones de arroz, lagunas con fauna autóctona y una ciudad, Castillos, que en un momento presentaba la tasa de suicidios más alta per cápita de Latinoamérica.

Seis meses después de su creación, el Rocha Fútbol Club comenzó a jugar el Campeonato Uruguayo gracias a la compra de una plaza. Dirigido por Juan Ramón Carrasco que también se calzaba los cortos, no tuvo en sus dos primeros años una buena actuación. El fútbol ultra ofensivo de Carrasco no funcionó del todo bien (o funcionó más bien mal): fueron más goleadas en contra que a favor, con hechos anecdóticos increíbles como cuando en un partido disputado en el Estadio Dr. Mario Sobrero de la capital departamental, el golero de Rocha, después de armar la barrera ante un peligroso tiro libre rival, se dio vuelta y se puso a contestar insultos de la hinchada. El desenlace es más que obvio: el tiro libre fue pateado con displicencia por el rival y la pelota entró mansa mientras el golero seguía de espaldas a la jugada.

En el Apertura 2005, un Rocha ya afianzado en Primera División, comienza el campeonato con buen pie. Dos victorias al hilo, liderado por el legendario Pedro Cardozo, jugador de talento inigualable pero de conducta orteguista (y nos referimos al "Burrito", no a "Palito"). Hacia mitad del campeonato Rocha se adueña de la punta y ahora sí, los flashes de la prensa nacional apuntan hacia el este de la patria. Y ahí, en el campo de entrenamiento de Rocha, se descubre el amuleto del equipo: una vaca.

Parece que el rumiante, ante la falta de dinero para mantener en óptimo estado el terreno de juego, era la encargada de cortar el césped. Cuando llegaban los jugadores, la vaca era retirada y los jugadores practicaban las jugadas a desarrollar el fin de semana.

Rocha seguía ganando y la vaca era cada vez más famosa. Las fotos del plantel abrazando a la vaca salían en todos los diarios. El 7 de diciembre de 2005, ante cinco mil espectadores que colmaban el Mario Sobrero, Rocha venció a Rampla Juniors 2 a 1 y se coronó campeón.

La fiesta fue tremenda. Todo el mundo estaba en la cancha para arrancar la vuelta olímpica hasta que llegó el momento apoteótico: la aparición de ella, de la vaca, que fue abrazada por todo el plantel para ahí sí arrancar la vuelta olímpica.

Después de esto poco se supo de la vaca. En un momento del festejo, en la locura del título y ante la pregunta de qué iban a hacer con la vaca, un jugador de Rocha propuso hacerla a las brasas para la comida de fin de año. Nadie sabe si esto realmente sucedió. Lo que sí se sabe es que la vaca desapareció y que dos años después del título, el Rocha Fútbol Club descendió para no volver más a la divisional de privilegio. ¿Estaremos viviendo una maldición vacuna? El tiempo lo dirá.

10. FUI, MIRÉ Y VENCÍ

Siglo veinte. Cángele, Hauche, problemáticos y febriles lloraban y mamaban como cualquier infante de la década del ochenta, sin adivinar aún su futuro futbolero. Quince años después, la pavura ante el "efecto 2000" servía para vender libros de chantapufis. Noventa años antes pasaba el Halley y la gente se mataba. Luego vino la Primera Guerra. Cayeron los zares. Salió la radio. Vino la Segunda Guerra. Vino la televisión. Llegó el Hombre a la Luna. ADN. Bomba atómica. Internet. Einstein... Sin dudas, esto en plena Edad Media no pasaba.

Fue justo en la mitad del siglo de los cambios cuando dentro de la nueva Europa apareció un nuevo Estado. Pequeño, no tanto como los micro Estados estilo Mónaco, Liechtenstein o San Marino, sino de casi el mismo tamaño que Luxemburgo y lindando con este último. Su territorio había sido otrora propiedad de los galos, luego de los romanos, más tarde de los franceses y después de los alemanes. Y entre Alemania y Francia fue pasando una y otra vez, cambiando de dueño ocho veces en los doscientos años previos, hasta que, poco después de caer Hitler, los locales votaron una Constitución en 1947 que les otorgó soberanía, bajo la figura de protectorado francés. Sí, estamos hablando nada menos que de Sarre, el más olvidado de los países europeos del pasado siglo.

Aún confundidos, no sabiendo disfrutar de su nueva condición, emiten poco después de su nacimiento dos monedas: primero el Marco de Sarre y al año siguiente el Franco de Sarre. De a poco los habitantes empiezan a convencerse de que por fin no son franceses ni alemanes, sino verdaderos sarrenos. Mientras tanto, el estado febril que nos gusta a todos —o sea el del fútbol— vuelve a arrasar el planeta: sin más guerra por el momento, era en Brasil donde volvía a jugarse la Copa del Mundo.

Los sarrenos se dispusieron a seguir el mundial. Pensaron si tenían que hinchar por Alemania o por Francia. Comenzaron entonces unas fuertes disputas ideológicas entre los fanáticos sosteniendo una y otra tendencia, hasta que se les ocurrió mirar la lista de equipos participantes y vieron que no iba ninguno de los dos. No había que dudarlo más: Sarre no podía quedarse de brazos cruzados viendo cómo sus habitantes se quedaban sin mundial por su propia inoperancia.

Tenían que ser ellos mismos. Nada importaba que "Sarre" sonase parecido a "Sartre", el intelectual francés que entraría pronto en apogeo, o a "Garré", quien enfrentaría a los alemanes unos mundiales más tarde. Tramitaron entonces ante la FIFA su derecho a tener un seleccionado. Lo consiguen dos semanas antes de que la pelota se eche a rodar en Brasil, y recién a fines de ese año de 1950 la selección nacional de Sarre empieza a medirse contra seleccionados "B" de países vecinos, en encuentros no oficiales.

Se avecinan las eliminatorias para Suiza 1954 pero la FIFA demora bastante el papeleo para autorizar a Sarre a jugarlas.

Mientras tanto, los sarrenos hacen debutar como técnico a un jugador de Alemania Oriental recién retirado, un ex St.Pauli, nada menos que Helmut Schön, quien luego de hacerse sus pergaminos de estratega en este pequeño gigante llegaría a ser el DT de la selección de Alemania Occidental, saliendo subcampeón en Inglaterra 66, tercero en México 70, campeón de Europa en el 72, y por fin campeón mundial en Alemania 74.

Finalmente llega el visto bueno y Sarre es anoticiado de apuro: juega las eliminatorias en un grupo de tres junto con Noruega y Alemania. El que gana el grupo, va al mundial.

El día para el debut oficial estaba marcado. La selección de Sarre (o Saar, o Saarland según se prefiera) debía viajar hasta Oslo el 24 de junio de 1953. Veintidós mil noruegos poblaron las gradas. La pelota se echó a rodar. El club que más jugadores proveyó al seleccionado fue el 1.FC Saarbrücken (club donde debutaría mucho más tarde Andreas Brehme). El primer tiempo encontró a dos equipos batalladores pero con llegada a la red. Con dos goles por bando, viento en popa a toda vela, llegó el entretiempo. Los noruegos se decían (en noruego) la típica frase: "bueno, ahora juguemos en serio, que los de este país no existen".

Binkert y Otto habían sido los artilleros sarrenos, ambos jugadores del Saarbrücken. Sin embargo, la hora gloriosa de esta selección se plasmaría gracias al aporte de Siedl, uno de los únicos dos citados del Borussia Neunkirchen, quien a los siete minutos del segundo tiempo sacudiría la red rival para poner arriba a Sarre en este partido, desde ese instante y para toda la Eternidad. La sorpresa no era menor. Sarre consiguió ese día su primera y única victoria en un encuentro oficial.

En la fecha siguiente del grupo, Noruega y Alemania Federal

empataron 1 a 1. La tabla no mentía: Sarre lideraba la competición y por esas horas era el clasificado para Suiza 54.

En la vuelta, Sarre empató a cero con los noruegos y perdió ida y vuelta contra los alemanes. Terminó segundo en el grupo, a sólo un triunfo de entrar a la fase final de un mundial. Sí, de vencer a Alemania en uno de los dos partidos, hubiera logrado alcanzar a los teutones en lo más alto de la tabla.

Ud. quizás diga: "Claro, qué fácil, si le ganaban a Alemania hubieran entrado, y si yo le ganase seis cero y seis cero a Nadal saldría en la tapa de los diarios también", pero debería saber que en el partido de vuelta se le anuló el 1-0 lícito a Sarre y no se le cobró un penal alevoso.

Pero los resultados morales no sustentan una apelación, es verdad... Bueno, siga leyendo: en el partido de ida en Alemania, el alemán Eckel se lesionó en medio del partido y entró a sustituirlo Gottinger. ¿No nota nada raro en ello? Es que los cambios todavía no existían, se inventaron en México 70. Si bien el árbitro lo autorizó y el encuentro fue oficial, los cambios no estaban reglamentados, por lo cual una protesta formal de Sarre hubiera tenido todas las chances de prosperar, y entendemos que el partido debería entonces habérsele dado por ganado.

De ahí en más, alternaron más malas que buenas en algunos amistosos (perdieron por goleada contra Uruguay cuando ya estaba alojado en Europa en la previa del mundial), hasta que en 1956 la gente votó en un referéndum por incorporarse a Alemania Occidental a partir del primero de enero del año siguiente.

Ahí lógicamente termina la historia de esta selección, al menos por ahora, aunque en tiempos nada predecibles para el futuro de

Europa, y tras haber visto en pocos años nacer a selecciones como la de Montenegro o la de Kosovo, la esperanza es lo último que se pierde. Eso último fue lo que seguro le dijo Helmut Schön a sus muchachos cuando sintieron el lógico miedo de tener que debutar en el fútbol gigante.

Para terminar esta historia, es menester decir que las oscuras eliminatorias de Suiza 54 fueron bochornosas por donde se las mirase: además de los grupos armados como el que acabamos de revisar, había también grupos de cuatro donde clasificaban dos y hasta grupos de dos equipos cada uno, los cuales se resolvieron de las peores maneras que nos podamos imaginar: en uno de ellos, Turquía dejó afuera a España por sorteo. En otro, Hungría clasificó porque le tocó de rival de grupo Polonia, que ni se pudo presentar a jugar, aún desorganizado tras sufrir la peor parte de la guerra. Otro grupo estaba formado —no se entiende por qué— por Italia y Egipto, quizás apoyados en la revitalización de grandes encuentros entre esos países, como los que tuvieron alguna vez Marco Antonio y Cleopatra, aunque lejos del plano futbolístico. Por el lado de América, Argentina no quiso ni participar.

Cuando el 17 de junio de 1954 sonó el pitazo inicial para el debut de los alemanes, quizás los muchachos de Sarre se miraron entre sí y dijeron "pensar que podríamos estar ahí nosotros"... pero enseguida volvieron a poner la mente en cómo festejar exactamente una semana después el primer aniversario de su gloriosa victoria. Unos días más tarde, la misma Alemania, el único equipo del universo que los superó en competencia oficial, ganaba su primer mundial. Sarre, a todas luces, pequeño subcampeón moral, se retira de la Historia con la frente alta para siempre.

11. VIEJA Y PELUDA NOMÁS

Antigua y Barbuda es un pequeño país del Caribe, conformado por dos islas: Antigua y Barbuda. Pero posee una pequeña isla más, la cual, entendida en el contexto del nombre del país, adquiere mucha significación para la inclusión del mismo en este libro: Redonda. Si uno observa el mapa, Antigua parecería tener dominada la Redonda, lejos de lo que Barbuda pueda hacer.

Pues bien, este simpático país tiene concentrado todo su fútbol (o casi, ya lo veremos) en la isla de Antigua, sede de su capital Saint John's, lo cual intenta ser transformado por la ABFA (Antigua and Barbuda Football Association).

¿Pero qué podemos decir del fútbol de este país? A nivel de selecciones no ha tenido gran trascendencia. Su mejor posición en el ranking FIFA ha sido en el puesto 100, lo cual si fuera tenis sería realmente importante. AyB está décima en el ranking de las islas del Caribe.

Pero tuvo su momento especial. Para comenzar, en 1997 fue sede de la Copa del Caribe, una copa de selecciones organizada por la

57

Caribbean Football Union, donde el máximo ganador es Trinidad y Tobago con ocho títulos. Ser anfitrión en esta importante copa supone todo un logro para un país en el que el deporte más popular es el cricket (de hecho, el bonito estadio donde juega, es un estadio de cricket: el Stanford Cricket Ground, más conocido como el Sticky Wicket Stadium). La organización de esta copa estuvo a cargo de más de un país, al mejor estilo Corea-Japón 2002 o la nunca organizada Bolivia-Uzbekistán, pero con una diferencia. Tuvo como sedes a dos países que en su esencia ya son dobles: Antigua y Barbuda y Saint Kitts y Nevis. El campeonato lo ganó Trinidad y Tobago al ganarle por 4 a 0 a sus pares (nunca mejor dicho) de Saint Kitts y Nevis, en una doble final para el infarto. Hay quienes dicen que el verdadero marcador final fue 2 a 0. Otros afirman que fue 8 a 0.

En 1998 se disputó una nueva edición de la Copa del Caribe, esta vez con una sede triple: Jamaica y Trinidad y Tobago. La final se disputó entre estos tres países, quedando para Jamaica que pudo doblegar a los otros dos y hacer que, justamente, parecieran sólo uno. Pero en lo que a nosotros nos importa, éste fue el momento de gloria para Antigua y Barbuda, que llegó a las semifinales y obtuvo un cuarto (¿y quinto?) puesto al perder contra los zombies de Haití por un ajustado 3 a 2. Éste fue el mejor resultado de una selección que en general no clasificó a la mayoría de las ediciones de esta copa.

Cuenta la historia que el primer partido internacional de Antigua y Barbuda fue contra Trinidad y Tobago en 1972. También fue su peor resultado: 11 a 1. Después de ese iniciático remezón, todo fue ganancia para la historia del fútbol antiguano. El mejor resultado fue un 8 a 0 a Montserrat en 1994.

En 2011 el fútbol antiguano ha crecido y espera pronto dar que hablar. Al término de este libro los Wadadli Boyz están en la punta del grupo F de las eliminatorias mundialistas. Y van por más. Lo más importante de este torneo es un carismático delantero teñido de rojo que juega para AyB: Pete Byers, dueño de un récord impresionante: setenta y tres goles en setenta y un partidos como jugador del SAP Bolans de Antigua y Barbuda en el campeonato local. Byers, envalentonado, afirmó: "No le tememos a nadie". Pero mesurado, reflexionó: "Tenemos que mantener el nivel, porque lo más sencillo sería cruzarse de brazos y conformarse con lo que hemos logrado hasta ahora". Y optimista, mandó un mensaje a la poderosa Haití y a quien se cruce en su camino: "Podemos ganar a Haití. Tendrán que desplazarse a nuestro feudo de St. John's y no se lo pondremos nada fácil. Podemos convertirnos en una superpotencia en la zona del Caribe. Podemos imponernos a cualquier rival de estas islas".[1]

El técnico de la selección en 2011 fue Tim Curtis, ex jugador inglés que le comenzó a imponer dinámica al fútbol antillano. Al mejor estilo Guus Hiddink, Curtis también fue en paralelo técnico de un equipo de liga: el Antigua Barracuda FC. La particularidad es que este club no juega en la liga de las islas sino que se desempeña en la Tercera División del futbol estadounidense. Algunos fanáticos de las teorías conspirativas leerán esto como una forma más de someter a los países pobres y quitarles todo su talento y riquezas. Nosotros, fanáticos de las teorías conspirativas, preferimos pensarlo como un gesto de valentía con el cual un pequeño país invade y penetra a la superpotencia imperialista.

La base de la selección antiguana al cierre de este libro está en este equipo: ocho de sus once titulares juegan aquí. Pete Byers, la figura, juega en Los Angeles Blues de la misma división, pero ha pasado por el Barracuda. Otro equipo de esta divisional es el

River Plate de Puerto Rico, digirido por Walter Zermatten.

Así, semana a semana, un equipo de caribeños lucha contra el sistema desde adentro, y hace que el sistema viaje hasta sus islas para enfrentarse en el siempre difícil Sticky Wicket. Y eso, para nosotros, merece un homenaje. Equipos de las grandes urbes del imperialismo deben rebajarse a soportar que un grupo de negritos insolentes les compliquen la vida y hasta les ganen varios partidos, en su propio campeonato y en su propio sistema.

Para finalizar, un llamado: a prestar atención al desempeño tanto del Antigua Barracuda como de la selección, ya que esta historia de pequeños gigantes, recién está comenzando.

[1] Fifa.com, 22 de septiembre de 2011, "Byers, punta de lanza de Antigua".

Salen los Quesos a la cancha.

Ser el arquero más gordo del mundo
también tiene sus ventajas.

12. MÁS ALLÁ DE LA GENERAL PAZ

Quien revise los integrantes del Torneo Argentino B 2011, seguramente no se detendrá en el glorioso General Paz Juniors cordobés. Tal vez sólo diga: "...Mirá, está el 'Loco' Enrique de técnico, qué bajo cayó el 'Loco', jaja...". Evidentemente, quien pronuncie semejante blasfemia nunca habrá oído hablar de "Los poetas del césped"...

El Club Atlético General Paz Juniors nació un 27 de abril de 1914, un día feriado en Córdoba, que recordaba la Revolución de 1852, en que fue depuesto el rosista gobernador de la provincia Manuel López. Un grupo de personas del pueblo de General Paz decidió fundar un nuevo club ya que su Córdoba Athletic, el primer campeón cordobés, acababa de abandonar la práctica activa del fútbol por "la falta de espíritu de caballerosidad" en la mayoría de sus rivales. Como dice el lema de Huracán de Parque de los Patricios: "Grande se nace".

Sin embargo, el momento de gloria se hizo esperar. En el año 1943, y a punto de cumplir treinta años de vida, comenzó a forjarse el equipo que se ganaría el mote de "Los poetas del césped". En la Primera División de Córdoba, había obtenido los subcampeonatos de 1916,

1917, 1920, 1933, 1936, 1937 y 1939, pero nunca sus hinchas habían entonado el "We are the champions" versión cuartetera, como se estilaba en las celebraciones de la época.

Dice la crónica:

"En las siete primeras fechas consiguieron seis victorias y se perfilaban para pelear bien arriba. Pero el panorama se complicó cuando el Tribunal de Penas les quitó cuatros puntos por la inclusión del jugador Antonio Amaya, quien había firmado con otro nombre en las inferiores. Juniors, que apeló el fallo, continuó la racha de éxitos y, a tres fechas del final, prosperó su recurso en el seno del Consejo Federal de la AFA, por lo cual se le restituyeron los puntos objetados, consiguiendo una ventaja fundamental sobre sus escoltas".

Una anécdota pinta de cuerpo entero (o sea, le hace un bodypainting) a este equipo:

El arquero José Molinolo recuerda: "Ese día perdíamos 2 a 0 cuando recién empezaba el partido. Se me acercó la 'Luría' Guerini y me preguntó cuándo iba a agarrar una. Después me tocó la cabeza y me dijo: 'No importa don Moli. ¿Cuántos goles querés que les hagamos a estos?'. Diez minutos más tarde les ganábamos 3-2 y más tarde llegó la goleada". En la anteúltima fecha, un empate con Talleres les daba el título.

De más está decir que ese día Los Poetas le ganaron por 3 a 1 a la "T". Pero faltaba todavía el reconocimiento nacional, ir a la conquista de Buenos Aires.

En ese momento, la Copa Argentina se llamaba Copa Pedro Pablo Ramirez, tal vez porque era el presidente de facto, tal vez porque él mismo había donado la copa. ¿Quién sabe? El Juniors despachó por la zona Cuyo primero a Sarmiento de Catamarca en un equilibrado 6 a

0 y luego a Nacional de Mendoza tras un aburrido 9 a 6. Esto le dio acceso a los cuartos de final, etapa en la que recién los porteños aceptaban mezclarse con los provincianos.

Y Los Poetas pisaron por primera vez la Bombonera, que por ese entonces tenía un cartel que rezaba: "La Bombonera no tiembla, está a punto de derrumbarse por falta de mantenimiento". El rival era Ñuls, también conocido como Newell´s Old Boys de Rosario, y el triunfo, para los cordobeses por 3 a 2.

La semifinal fue contra San Martín de Tucumán. El partido se jugó en cancha de San Lorenzo (valga la paradoja), también conocida como "Viejo Gasómetro" (Gasómetro a secas por entonces) o "Carrefour". Los Santos sucumbieron por 5 a 4 en otra victoria de la histórica batalla del arte contra la religión.

Y llegó la final contra San Lorenzo, que venía de eliminar a su clásico rival (ese que decía "grande se nace"; como vemos, para justificar que pierde siempre) y en cancha de Chacarita, con todo lo que simbolizaba ese estadio en ese momento histórico: nada.

Ustedes ya imaginarán el resultado de esta gesta. Recuerden que eran los Poetas y no los Novelistas o los Ensayistas o los Cuentistas. Un poeta vive de lo que no fue, de lo que podría haber sido, para que la realidad no arruine la magia, incluso la realidad de la gloria o de un triunfo: nunca llega a estar a la altura de lo que hubiera sido ese triunfo.

San Lorenzo cumplió con su rol de grande de Buenos Aires y lo liquidó con un 8 a 3, recordándole cómo está hecho el país: de la General Paz para acá. Sin embargo, General Paz Juniors quedó en la historia como el primer club del interior profundo que fue a la conquista de Buenos Aires.

13. EL FÚTBOL SE FUE A SIBERIA

El FC Torpedo de Moscú fue fundado un día de noviembre de 1930. La fecha exacta no aparece en la página oficial del club por lo que muy posiblemente haya sido detenida e incomunicada durante el stalinismo y ahora andá a buscarla a Siberia. Hoy en día, intentaremos explicarlo más adelante, la situación del club es muy confusa. Incluso hay más de un club con el mismo nombre. Pero lo importante, y lo que hace que este humilde club llegue a este libro, es que en el Torpedo FC nació y murió el más grande jugador de toda la historia del fútbol ruso, Eduard Anatólievich Streltsov, "el Pelé Ruso".

Streltsov comenzó jugando a los trece años (en 1950) para la fábrica Fraser en la que trabajaba su madre como obrera metalúrgica. A su padre, Anatoly, como a Mambrú, todavía lo esperaban que vuelva de la Segunda Guerra Mundial. Pero fue a sus jóvenes dieciséis años que encontró su amor, cuando jugaron un amistoso contra los juveniles del Torpedo. Tras el partido, Eduard pasa a dicho club y, como Bochini con Independiente, ya nunca más se separarían. O, mejor dicho, sí lo harán, pero por razones dignas de Romeo y Julieta.

A partir de ese momento, la carrera de Streltsov, como un torpedo, se dirigió a toda velocidad hacia el blanco: en 1956 fue campeón olímpico con la URSS (con sólo diecinueve años) y en 1957 fue subcampeón de la Liga Soviética con su club. Todo hacía suponer que 1958 sería el gran año para la Unión Soviética, ganando la Copa del Mundo de Suecia y, en consecuencia, ganando la Guerra Fría y dominando el mundo. Nadie imaginaba por entonces que la estrella de ese mundial sería "el Pelé brasileño" (también conocido como "el Pelé Negro", "el Streltsov Brasileño", "el Streltsov Negro" o simplemente "Pelé" a secas).

¿Qué fue lo que sucedió que cambió el curso de la historia mundial?

De cara al mundial, Streltsov fue "invitado" a dejar su club para unirse a las filas del CSKA (el equipo del ejército) o al Dynamo (el equipo de la KGB). Obviamente, si no la historia sería aburrida, el rebelde jugador dijo que no. Tal vez porque, aparentemente, como todo jugador talentoso que se precie de tal gustaba en exceso de las fiestas, lo cual no era algo a socializar por los burócratas rusos. Tal vez, simplemente, porque era hincha del Spartak desde chico. Se dice también que, pasado de copas en una fiesta, insultó a una alta funcionaria del gobierno.

En definitiva, luego de una fiesta, la botinera rusa, Marina Lebedeva, apareció violada y todos coincidieron en que no podía ser otro que el "Pelé Ruso". "Es negro de alma", se llegó a escuchar.

Conclusión: con veintiún años, Streltsov fue a parar a un Gulag, un campo de trabajos forzados, por siete años.

Si bien su condena era de doce años, fue liberado en 1963 (por el

2 x 1). Dos años más tarde volvió a jugar al fútbol y, obviamente con su Torpedo querido, ganó la liga de ese año. Al año siguiente ganó la Copa de la URSS y fue nuevamente convocado a la selección nacional. Los dos años siguientes fue elegido Futbolista del Año. Sin embargo, no jugó la Eurocopa 68 (en que la URSS quedó eliminada en semifinales, luego de empatar con el local Italia, por ¡lanzamiento de moneda!) ni tampoco el mundial del 70, ya que en ese año se retiró del fútbol a la edad de treinta y tres.

¿Qué habría sido de la URSS y del mundo entero si Streltsov hubiera podido jugar durante sus años de plenitud? No se puede saber. Por su carrera se parece más a un Maradona que a un Pelé. Al igual que Diego, hoy un estadio (el del Torpedo) lleva su nombre y una estatua suya se levanta en su entrada.

Streltsov falleció en 1990. Se dice que se vio a la botinera rusa llevarle flores a su tumba en el séptimo aniversario de su muerte. Incomprobable. Lo cierto es que en 2001, Anatoly Karpov inició una campaña para que le fuera revocada su condena por violación. Dice Karpov, en una nota al diario *Olé* de agosto de 2010: "La Justicia no pudo cambiar la sentencia porque se habían perdido muchos documentos pero su nombre quedó limpio para el pueblo de mi país".

¿Y qué es de la vida del Torpedo? No terminamos de entenderlo. El arribo del capitalismo le robó su identidad.

El equipo estuvo históricamente ligado a la empresa automotriz estatal ZIL. Pero en 1996, el club tuvo que ser vendido y fue comprado por la corporación dueña del estadio olímpico Luzhniki, que tenía cancha pero no tenía equipo. Sin embargo, como el estadio original del Torpedo (llamado justamente Eduard Streltsov) se quedó sin equipo (en Rusia parece ser muy fuerte el concepto de que lo que no se usa, se echa a perder), se creó otro equipo llamado Torpedo-ZIL, que luego se llamó Torpedo-Metallurg y actualmente FC Moscú.

Dónde está o cuál es el verdadero Torpedo ya no nos importa. Después de navegar tres horas por Wikipedia y por páginas en ruso sin traducción al inglés, llegamos a la conclusión de que hay, por lo menos, tres Torpedos. Para nosotros, el Torpedo dejó de existir en el 96. O, mejor dicho, en 1990.

14. EL VATIGOL

Si uno dice *Batigol*, lo primero que se imagina es a un sojero que ahora juega al polo metiendo goles para la selección argentina en campeonatos mundiales que no se ganan. Pero si uno escribe *Vatigol*, así con *v*, ya la cosa cambia.

En este capítulo del libro hablaremos de la selección de fútbol de la Ciudad Estado del Vaticano.

"¿No era que jugaban al voley?"—dirá uno que vio la película de Moretti. "No" —dirá quien sabe la historia. "También, también" —dirá quien no quiere confrontar y considera que la realidad y la ficción son la misma cosa.

Ustedes imagínense el cuadro: miles de hombres jóvenes célibes, que deben sublimar sus pulsiones naturales en un tiempo de paz, sin cruzadas tras el Santo Grial ni hogueras donde quemar brujas. ¿Cómo se puede sostener una vida así? Ya saben la respuesta universal: ¡fútbol!

La Vatiselección utiliza en su uniforme, obviamente, los colores papales blanco y amarillo (como el Bella Vista uruguayo). No afiliados a la FIFA (por obvias razones), han jugado algunos amistosos esporádicos desde el año 2002, cuando debutaron con un empate 0 a 0 frente a la selección del Principado de Mónaco en un partido del que sólo disfrutaron los ascetas.

Años después, en 2011, se dio la esperada revancha. Sin Papa, Cura ni Monasterio, afectados a la Selección Argentina, el conjunto blanquiamarelo perdió 2 a 1 contra el lujurioso *team* de las princesas Stephanie y Carolina.

"Mirá, mirá, mirá, sacale una foto, se vuelven para el Vaticano como vinieron" —cantaba la desaforada "Barra del Alberto".

Ahora bien, debemos interrumpir el palmarés de la Vatiselección, para poner en contexto lo que es el fútbol en la Ciudad Estado gobernada por el Papa.

Caracterizado por un gran trabajo en las inferiores, el semillero católico hace sus primeros brotes en la recientemente creada Clericus Cup, donde participan equipos de los distintos seminarios de Roma y del mundo.

Siguiendo la lógica de la luz y la oscuridad, del cielo y el infierno, la liga está escindida en las divisiones A y B.

Entre los equipos más interesantes, se hallan el temible Redemptoris Mater (tricampeón 07, 09 y 10), el equipo de la Unversidad Pontificia Gregoriana, el equipo brasileño, el mexicano y el humilde Urbananium que, luego de ser expulsado de Hogwarts, logró entrar a la Copa Clerical.

Una característica curiosa del reglamento con que se juega el torneo es la inclusión de una tarjeta azul, que castiga al jugador que comete una falta semi grave con una expulsión de cinco minutos en el banco, a modo de purgatorio.

La copa es una vidriera para que el seleccionador del Vaticano, Giovanni Trapattoni (¡el mismo que dirigió al Bati con *b* en la Fiorentina!), trate de elegir nuevos jugadores. El problema es que para jugar en el Vaticano se debe tener la ciudadanía vaticana. Y sólo la tienen los soldados suizos de la guardia papal (ustedes los habrán visto, con plumas y lanzas, dando vueltas por San Pedro) y los guardianes del museo.

En un momento de tensión ante lo complicado que le era formar el equipo, Trappa declaró: "Les pedí un volante y me trajeron un panfleto".

Sin embargo, aun con esas limitaciones, la Vatiselección logró su mejor triunfo el 3 de febrero de 2011, cuando le ganó 9 a 1 a la selección de Carabienieris de Roma.

"Vinieron a defenderse con un horrible cattenaccio, pero nosotros practicamos un juego de alto vuelo, influidos por Angel Cappa" — dijo el 10 de la Vati, que no quiere que le llamen D10S en vano.

Ante la jugada polémica que incluyó la expulsión del primer central, éste declaró "Me echó mal, a mí sólo me juzgará el altísimo". Días más tarde se arrepintió y ya puede jugar el siguiente encuentro.

¿Cuál será el próximo partido de los "Ángeles de Trappatoni", como ya empiezan a llamarlos? "Nuestro sueño es jugar contra los Diablos de Avellaneda" —dicen casi a coro. "Van a correr, como cuando Lucifer corrió del cielo" —se envalentonan.

15. EL SAN PABLO MENOS SANTO

A lo largo del recorrido que ya hemos realizado en este libro, usted ha podido encontrar diferentes ejemplos de aquello que consideramos, humildemente, que hace que un equipo de buenas a primeras pequeño e insignificante (por no decir inmundo, un término que en este caso no tendría ningún sentido ni relación con lo que queremos expresar) termine convirtiéndose en un verdadero gigante, de alturas superiores a Goliath, King Kong o, por supuesto, Pulgarcito.

Estos ejemplos incluyen a aquellos equipos que se han podido destacar en un partido, el más importante, el de la vida; pero también a aquellos que se han destacado por mancarse al final, en el otro partido más importante, el de la final. Y en este caso vamos a hablar de un equipo que se destacó en la vida más importante, en la del partido final de la vida de... uh... ¿cómo era? La habíamos pensado bien la presentación de este capítulo, ¿alguno se acuerda? Bueno, no importa, pasemos a la acción.

El FC Sankt Pauli de Hamburgo es un equipo fundado en 1910 y que puede ser considerado el hermano humilde (de pobre, no de aquella supuesta virtud que enloquecía a Hercules Poirot por ser, tan sólo, una visión distorsionada de la realidad) y rebelde del dinosaurio HSV (Hamburger Sport Verein). Si bien ha pasado la mayor parte de su existencia en categorías del ascenso alemán y estuvo en varias oportunidades al borde de la desaparición por las dificultades económicas, esto no es lo que más nos atrae de este equipo: lo más interesante es que en este orwelliano mundo del fútbol, en el que todo está bajo control (o lo parece) este club de barrio alemán resiste, se engrandece y despierta simpatías con su entusiasmo y su identificación con algunas ideas de las izquierdas. Y sin necesidad de la poción mágica de Panoramix (que, por otro lado, sería considerada *doping*. Ni necesidad de tirar menhires, que sería considerado *dropping*).

La particular historia de militancia política de este equipo comienza en la década del 80: luego de mudar su estadio a la zona del puerto cercana a la *Reeperbahn* ("la calle roja", en cuyos garitos se forjaron los Beatles) y al barrio chino, el club se impregnó de la atmósfera cultural de la zona transformándose en un fenómeno de culto que no ha cesado de crecer. Su peculiar identidad se afianzó y mejoró su situación económica durante las gestiones como presidentes de Heinz Weisener (arquitecto y millonario), Corny Littmann (reconocido activista homosexual y director teatral que se encuentra casado con un cantante de ópera tunecino) y gracias a su hinchada, que acompaña al equipo con incondicionalidad (15.000 personas en el Millerntor Stadion incluso jugando en la tercera divisional teutona).

Hasta ahora, sin embargo, nada parece destacar a este *team* (como le gusta decir a los ingleses) con respecto a otros *teams* (como le gusta decir a los norteamericanos) de similar orientación, como el Rayo Vallecano. Pero un simple ejercicio de imaginación y un pequeño cuadro de situación explican por qué no podíamos dejar de no desestimar la no inclusión del Sankt

Pauli en estas páginas.

Sábado, 15:00. Millerntor Stadion, mítico estadio de nuestro equipo (que, sin embargo, entre 1970 y 1998, recibió el nombre *Wilhelm-Koch-Stadion*). Las tribunas revientan de alemanes que respetan las reglas de tránsito, no tiran papeles y sienten pánico cuando ven una medianera. De repente, los parlantes del estadio hacen sonar *Hell's bells* de AC/DC (esa que es medio "Tun tun tun turututuuu tututuuu tutu tu tu turututuuu tututuuu tutu tu tututu") y la popu enloquece respetuosamente haciendo flamear las banderas marrones[1] y los Jolly Roger (aquella antigua bandera de los piratas, formada por una calavera y dos tibias no del todo anatómicamente correctas cruzadas. Esta misma insignia, adoptada por el club, marca los banderines del corner). Y al campo de juego salta el *team* (como dicen algunos argentinos medio panchos) titular del Sankt Pauli.

Ya ese momento la *rockea* (poco legado más espantoso nos ha dado el rock que esta verbalización de su sustantivo común), pero no se queda ahí la cosa: además, los goles locales suelen ser festejados con el acompañamiento musical de *Song 2* de Blur. Y tienen "fans famosos" en el mundillo musical, como por ejemplo Sigur Rós, Die Artze, KMFDM, Asian Dub Foundation, Sisters of Mercy y Bad Religion (estos últimos dieron un recital gratuito y jugaron un partido amistoso con el tercer equipo para recaudar fondos en épocas de crisis).

Pero si la relación músico-futbolística nos genera cierta simpatía, mucho más nos genera la cuestión social y política que envuelve a este equipo. Numerosos carteles con consignas antirracistas, de protesta por tener que jugar en día lunes por los derechos de televisación ("*We don't like mondays!*", fuerte protesta y curioso inglés perfecto para una bandera que debería estar escrita en alemán) y hasta de apoyo al movimiento estudiantil chileno son habitualmente exhibidos en sus gradas. El equipo ha hecho giras y pretemporada en Cuba (la comunista, no la de los turistas que sortean el bloqueo) y ha enfrentado al combinado nacional de la isla en Hamburgo.

Dentro de su estatuto de fundación se incluyeron explícitamente principios antixenófobos y antisexistas. De hecho, su masa societaria femenina es muy importante y ha ejercido exitosamente presión para que se retirase la publicidad de la revista *Maxim* del estadio por considerarla ofensiva (a la revista, lo cual le pasa a cualquier ser humano normal). Prodigioso fenómeno de ¨marketing del pequeño¨, la empresa automotriz Dacia ha sacado al mercado una edición especial de su modelo Duster llamada FC Sankt Pauli; Nike, una de sus zapatillas Dunk y la tienda de productos eróticos por Internet Orion se ha transformado en su patrocinador y lanzado una tirada de veinte mil preservativos con el escudo del club.

Pero no sólo de buenas intenciones y simpáticos ideales revolucionarios aplastados antes o después por el mundo de mierda en que nos toca existir vive el hombre (o el club, en este caso). También vale la pena que recordemos algunos de sus más notables sucesos deportivos (y cuando decimos deportivos queremos decir futbolísticos, porque por supuesto que aunque tienen equipo de rugby, baseball y bolos eso nos importa un belín). En 1999 alcanzaron un esforzadísimo ascenso (tan esforzado resultó que a la temporada siguiente salieron últimos y descendieron nuevamente), el séptimo de su historia, para hacer los honores a los festejos de sus cien años de vida: ¨Vamos a festejar hasta que llegue el médico a rescatarnos¨, fueron las palabras de su manager.

Portentosa y encomiable aventura fue la organización, a pocos días del oficial y frustrante Mundial FIFA Alemania 2006, de la

FIFI Wild Cup 2006 donde participaron naciones no reconocidas por la FIFA como República Turca del Norte de Chipre (campeón), Zanzíbar (subcampeón), Tibet y Groenlandia. Allí se presentaron como República de Sankt Pauli y obtuvieron un 4to puesto tras ser derrotados en el partido por el tercer puesto por el combinado de Gibraltar (un verdadero "piñón" a sus ambiciones).

Pero el instante de gloria que tal vez mejor defina su espíritu es el eternizado por su autoproclamado apodo de *Weltpokalsiegerbesieger*. En 2002, temporada en la que habían obtenido un transitorio pase a la primera división, les tocó enfrentar al Bayern Münich que venía de ganarle la Copa Intercontinental al Boca de Bianchi. Jugaron como nunca en ese *match* y se llevaron un triunfo por 2 a 1. A partir de allí y con excelente sentido de la gloria y el humor, decidieron que se habían ganado la fama de un nuevo nombre: *Weltpokal* = copa del mundo, *sieger* = ganador, *besieger* = vencedor: ¨Vencedores de los ganadores de la copa del mundo¨. Desde entonces, sin ninguna duda, una de las remeras con leyenda más vendidas de la ciudad es la que clama *Weltpokalsiegerbesieger* 2002 sobre fondo marrón.

[1] Es uno de los poquísimos equipos a nivel mundial que luce el color marrón en su casaca. En nuestro país sólo podemos mencionar a Platense y Atlas de las divisionales de ascenso de la AFA (sorprendentemente no a Almirante Brown, Guillermo Brown de Madryn, ni Brown de Adrogué). Y del resto del mundo tan sólo al FK Ørn Horten de Noruega y al RKS Garbarbia Kraków de Polonia.

16. LA ACADEMIA DE LOMAS

Si uno visita la página oficial del Lomas Athletic Club, encontrará que los deportes que se practican hoy son: bowls, cricket, golf, tenis, rugby y hockey. Luego de preguntarse qué significa "bowls", usted dirá "¿Y el fútbol?". Bueno, bowls es una forma elegante de referirse a las clásicas "bochas". No es lo mismo jugar bowls que jugar a las bochas. ¿Y el fútbol? Lomas AC dejó de participar en los torneos oficiales en 1910, hace cien años ya. Sin embargo, este club nacido en 1891 fue el primer multicampeón del fútbol argentino. Desenterremos entonces la historia grande de este club, escondida bajo la alfombra tal vez por quienes consideran al fútbol un deporte sin valores burgueses o, quizás, por razones que explicaremos más adelante.

En 1893, con dos años de vida y recién diciendo sus primeras palabras, participó por primera vez en lo que fue un campeonato de cinco equipos (entre ellos el English High School y el mismo Lomas AC, no está de más aclararlo). Si bien faltan datos de dicho torneo, se sabe que ganó siete partidos y empató uno, lo que lo convierte en el primer campeón invicto de la historia del fútbol argentino.

En 1894 y 1895 se consagra nuevamente invicto con ocho victorias y dos empates en ambos torneos, el primero con cuarenta goles a favor y cuatro en contra. Una máquina. La primera y verdadera "Máquina" del fútbol argentino.

Para el año 1896, el equipo de camiseta verde, naranja y amarilla (motivo por el cual nunca nadie lo apodó por sus colores), cansado de su supremacía, decidió presentar otro equipo, desprendimiento de sí mismo, el Lomas Academy, a ver si jugando contra sí mismo, era más parejo. El experimento salió mal ya que Lomas Academy fue el campeón, lo que marcó su inmediata desaparición a partir del campeonato próximo.

En 1897, ya sin el sosia malo, volvió a coronarse luego de un durísimo desempate contra Lanús AC, tras tres partidos: 1 a 1, 0 a 0 y finalmente 1 a 0. Ya no era un paseo para los lomenses la obtención del campeonato. Lo mismo iba a suceder al año siguiente, empatando el primer puesto con el Lobos AC y derrotándolo por 2 a 1 en el desempate. Fue el último campeonato de este gran equipo, el quinto en seis años.

A partir de allí, comienza su debacle, tal vez influenciado y temeroso por las teorías de la época que decían que en 1900 se terminaría el mundo por un colapso de los telégrafos. Y empezó a penar por los distintos campeonatos, con la pena de quien supo ser, muy distinta a la de quien nunca fue. Comenzó a frecuentar los últimos lugares de la tabla como quien termina parando en bares de mala muerte, hablando con desconocidos por el solo hecho de compartir una copa (de alcohol y no de triunfo).

Con su último estertor, jugando todas sus fichas a un pleno, en 1906 intentó volver a donde siempre creyó pertenecer. El torneo estaba dividido en dos zonas y Lomas se quedó con la zona A y el pase para disputar la final con el ganador de la B, el temible

Alumni (que en ese momento era similar a que el *croupier* cantara el cero). El multicampeón del momento despreció los viejos pergaminos del antiguo multicampeón y lo goleó por 4 a 0.

La agonía duró hasta 1909, año en que salió último en el torneo con un triunfo sobre dieciocho partidos jugados. Ese mismo año se jugó la Copa Competencia y en su debut y despedida quedó en los registros como partícipe necesario de la mayor goleada de la historia del fútbol argentino: Estudiantes de Buenos Aires lo derrotó por 18 a 0.

Triste final para un gigante que cayó con todo su peso desde su propia altura y a partir de entonces fue escondido incluso por su propio club.

17. KELPER SKELTER

Como toda colonia británica, las Falklands (ex Malvinas, ex Falklands) también desarrollaron en su inhóspito territorio el fútbol, deporte preferido de los ingleses, luego del robo de tierras y el mal gusto para vestir a la reina.

Nacido como un club más, el Stanley FC se transformó luego de la Segunda Guerra Mundial en el nombre de la selección kelper. ¿Cómo un club termina siendo la selección? Bueno, porque no es fácil juntar a veintidós hombres con ganas de correr en pantalones cortos por la tundra.

Después de más de cien años de historia en la práctica del deporte, la liga de las Falklands cuenta hoy con sólo 4 equipos: Brentel Choppers, Seales PR Athletics, Sulivan Blue Soxs y el Kelper Store Celtics. Nombres que ofrecen una foto sociológica de las islas de post guerra: cerveza, precintados, tiendas y medias azules.

El Stanley FC comienza el siglo XXI con una idea que hasta ahí no se le había ocurrido a nadie: jugar más allá del manto de neblina. Así es que participa tres veces de los Island Games, una especie de Juegos Olímpicos para islas, obteniendo tres éxitos en once encuentros (y, como en la guerra, ningún empate).

Otras islas pertenecientes al Imperio, que quedan a pocos kilómetros de las costas madre, los humillan como el primo de la ciudad que tiene una Wii y se burla de la torpeza del Sega de su pariente del sur.

Antes de este presente internacional, durante las décadas del 50 y 60, el Stanley FC se preparaba para competir en los cinco partidos que constituían la lucha por el "escudo", con equipos formados por tripulantes del HMS Protector. Un mito rural dice que la selección kelper tenía en esa época un integrante misterioso proveniente del continente americano: nada menos que Roberto Telch, que luego de salir campeón con los "carasucias" volvió al sur a visitar a sus parientes ovinos y se quedó.

Sin duda, el partido más importante jugado por el Stanley FC fue el que protagonizó contra un equipo llamado The Argentines. Corría la década del 70 y Argentina se preparaba para ganar su primer mundial FIFA, con una ecléctica preparación que incluía un DT que se decía comunista y el peor terrorismo de Estado de su historia.

Allá en el sur, un grupo de argentinos trabajadores de la entonces poderosa YPF, estaba a cargo de un programa de colaboración entre los gobiernos británico y argentino, para abastecer de petróleo a la isla. En esos años nadie se sabía la Marcha de las Malvinas y Puerto Stanley estaba lejos de enarbolar el pabellón nacional en sus mástiles (entre paréntesis: viendo lo que es el clima de las islas, una bandera celeste y blanca con un sol es tan irreal como el dragón alado de la de Gales: imposible que se identifiquen). Aún así, decíamos, la tensión entre los kelpers y los argentinos existía y no hay nada como un partido de fútbol para representar una batalla.

Dice la crónica que fue el partido con mayor público de la historia. La familia Telch a pleno, balaba detrás del arco de The Argentines. Los isleños cantaban Kelper Skelter. El viento llevaba la pelota para todos lados, como si jugaran con una plastibol en Mar del Plata.

The Argentines cayeron derrotados por 2 a 1, como un guiño del destino y los kelpers consideraron ese día como el de su autodeterminación (que es la heterodeterminación a la Corona). Pocos años más tarde, en 1982, se jugó la revancha y ya todos sabemos el resultado.

18. EL MÁS ARGENTINO DE TODOS

Todos nos percatamos desde chicos de la inmensa cantidad de clubes que llevan en su nombre el gentilicio "argentino", sobre todo en la Argentina. Pero hubo uno que fue el primero de todos.

Se terminaba el siglo XIX y en Quilmes había unos muchachos que tenían las bolas llenas de que los ingleses no los dejaran patear el balón como Dios manda. Por aquella época, el Quilmes Athletic Club, afiliado a la Argentine Association Football League, era el único club de la ciudad en el que se practicaba oficialmente este deporte, y no le permitía a los criollos asociarse ni mucho menos jugar en sus canchas. Algunos intentaban usurpar las instalaciones, pero eran repelidos literalmente a palazos (cabe recordar que el QAC antes se llamaba Quilmes Cricket Club).

En 1899 un grupo de muchachos quilmeños forma un equipo al que le ponen de nombre "El Relámpago" (se dice que el nombre fue elegido como alusión a la rapidez de sus integrantes, aunque algunas crónicas de la época digan que se debía a la cerrada defensa que practicaban); y deciden organizarse para, junto con alumnos del Colegio Nacional, poner freno, o por lo menos oposición, a la discriminación inglesa.

Fundan entonces el Club Argentino de Quilmes, el primer club criollo de la Argentina, por lo que fueron, paradójicamente, apodados... "Los criollos". Para reforzar el *anti inglesismo* (o como se diga) nombran como primer presidente a Julio Castellanos.

Por ese entonces el Quilmes Athletic Club agasajaba a sus rivales con té con masas. El Club Argentino, más argentino que el mismísimo Ricardo Iorio, lo hacía con mate cocido con bizcochitos de grasa. Esta práctica le valió el mote de "El Mate" con el que aún se lo conoce.

Con la llegada del Club Argentino a la AAFL, su representante pide abolir el uso del idioma inglés en las reuniones y reglamentos. Aceptada la moción, estos empiezan a ser traducidos al español y, por consiguiente, entendidos por los jugadores de habla (y lectura) hispana.

Su camiseta, celeste y blanca a rayas verticales, fue la primera de ese tipo en el país y se dice que inspiró a la de la selección nacional. Esto es puesto en duda por la gente del Club Atlético Tucumán, que dicen ser los primeros en utilizarla y aseguran tener el aval del Centro de Investigaciones para la Historia del Fútbol, aunque todo hace pensar que dicho centro, confundido por la migración forzada de los quilmes de Tucumán a Buenos Aires, le dijeron que sí sin entender mucho lo que les estaban consultando. Otra versión hace referencia a la infiltración de hinchas del "Decano" entre los de Quilmes, pero su veracidad es casi nula debido a cierta inconsistencia de fechas.

El Mate llegó a tener en 1914 seis de los once titulares de la selección argentina en un partido contra su similar de Uruguay, y en el mundial de 1930 el arquero titular en semifinales y final fue Juan Botasso, arquero de la institución quilmeña.

Pero sin duda su momento más glorioso fue el ascenso de 1938. Terminó igualado en el primer puesto con su archirrival, con quien tiene -dicho sea de paso- el clásico barrial más antiguo del fútbol argentino, Quilmes Atlético Club, que ya para esta época había argentinizado un poco su nombre, aunque no del todo para no tener que tirar todos los escuditos que ya tenía impresos.

Se jugaron dos partidos de desempate, ambos ganados por "El Mate" 1 a 0, lo que le dio el pasaje a la máxima categoría del fútbol argentino, que en ese momento era la Primera División. También vale consignar que en estos encuentros, inventó (?) la concentración de jugadores.

De aquí en más todo fue barranca abajo, vaya paradoja esta metáfora, teniendo en cuenta su ubicación en la ídem quilmeña. En el campeonato de 1939 tuvo la peor actuación de la historia del fútbol de Primera División de la Argentina (y algunos dicen que del mundo) consiguiendo sólo cuatro puntos de treinta y cuatro, sin ganar ningún partido y con 35 goles a favor y 145 en contra (obviamente no todos fueron goles hechos por jugadores propios, sino que varios fueron convertidos por rivales), lo que da un promedio de 2 goles a favor y más de 8 en contra por partido. Deambuló por todas las categorías y en 2006, al descender a la D, se convirtió en el primer equipo directamente afiliado a la AFA en jugar en esa categoría habiendo pertenecido en algún momento a la Primera División... o algo por el estilo.

Algunos otros de sus logros, como si todo lo contado fuera poco, fueron haber disputado el primer partido televisado de Primera

B y el ser parte del partido, valga la redundancia, con más goles de cabeza de la historia del fútbol argentino, en su derrota contra Chacarita por 1 a 5 en el fatídico campeonato de 1939 en el que cuatro goles de Chacarita y uno de Argentino fueron convertidos con esa parte del cuerpo tan lejana a los pies. Muchas más hazañas se le atribuyen a este club, casi todas incomprobables.

Vaya entonces nuestro reconocimiento al Club Argentino de Quilmes por dar el puntapié inicial para el destierro de todos los clubes con nombres ingleses que tanto mal le hicieron al fútbol argentino.

19. ESPEJITOS DE COLOR NARANJA

Tal vez para la mayoría de las personas "el fútbol en Surinam" no sea uno de los temas más interesantes ni del que más conozcan. Muchos ni siquiera sabrán dónde queda este diminuto país. Diminuto en extensión, porque en cuanto a logros fútbolísticos...

Actualmente, al igual que durante toda su existencia, el fútbol de Surinam está en crisis. "No creo que logremos clasificarnos jamás para un mundial...", dice Rodney Van Engel, un centrocampista de la selección nacional que jugó como aficionado en Holanda, "...damos dos pasos adelante y dos atrás. No tenemos el potencial para emular a Jamaica o a Trinidad y Tobago; esos países nos llevan la delantera. Tal vez lo lograríamos, si se invirtiera dinero". La situación es grave, realmente. El solo hecho de pensar en tomar de ejemplos fútbolísticos al país del Marley negro o al de Dwight Yorke habla de una crisis terminal.

Hace unos años, la FIFA, siempre preocupada por los más débiles, tomó nota de esto e implementó el proyecto Goal, consistente en financiar la construcción de unas modernas instalaciones que funcionan como centro neurálgico y de entrenamiento de todo el fútbol de Surinam. Vendría a ser "el predio que la AFA posee en Ezeiza" pero surinamés.

No tardaron en llegar las cargadas desde sus vecinos de Guyana. "Uy, ahora con este predio seguro que son potencia, jaja...". El muerto se ríe del degollado, una vez más. Los resultados se verán en el futuro. Por el momento, Surinam es un equipo de mitad de tabla del ranking FIFA (en el puesto 110°) y soporta el destierro de, siendo un país sudamericano, tener que jugar las eliminatorias mundialistas dentro de la CONCACAF para evitar ser la Islas Feroe de estas tierras.

Dice Louis Giskus, presidente de la SVB (Asociación de Fútbol de Surinam): "Para clasificarse hay que jugar bien y tener mucha experiencia", dos requisitos que le han sido esquivos a lo largo de su historia. Continúa el Don Julio del pequeño gigante del norte del sur de América: "En Surinam, somos aficionados. Los muchachos trabajan durante el día y entrenan por la tarde durante tres horas, a lo sumo cuatro veces a la semana. Existe una gran diferencia entre un aficionado y un profesional".

Sin embargo, el gran problema de esta selección ha sido y es uno solo: la fuga de cerebros. O mejor dicho, la fuga de músculos.

Recordemos que el nombre de esta colonia era el de Guyana Holandesa hasta su independencia en 1975. Así como históricamente los europeos saquearon las riquezas de América, Holanda, la selección del fútbol total, debe gran parte de sus glorias al saqueo futbolístico del humilde Surinam. Si un equipo juega con Stanley Menzo; Michael Reiziger, Aron Winter, Gerald Vanenburg y Royston Drenthe; Frank Rijkaard, Edgar Davids, Clarence Seedorf y Ruud Gullit; Jimmy Floyd

Hasselbaink y Patrick Kluivert, ¿tiene que ir a pelear por las migajas con Aruba, Antigua y Barbuda o cualquiera de esas islas, pretenciosamente llamadas países, de Centroamérica? ¿O pelea de igual a igual la tediosa y tan emocionante como mirar un partido de la Fundación Pupi eliminatoria sudamericana? ¿Eh? Y si no conocen a alguno, lo *googlean*.

Sí, todos esos grandes nombres nacieron en Surinam y fueron robados por la Corona Holandesa. ¿No merece, por lo menos, un pedazo de la Eurocopa 88? Y cuando decimos un pedazo, nos referimos a romper la copa y entregarle un fragmento de la misma a la SVB.

Pero, además de los aportes económicos de la FIFA y de Clarence Seedorf (que construyó el Complejo Clarence Seedorf en su capital Paramaribo), ¿cómo hará Surinam para cumplir su próximo objetivo: clasificar para Brasil 2014, una oportunidad única, principalmente porque, por ejemplo si le toca Manaos como sede, podrían concentrar en su país e ir a la cancha en bondi, ahorrándose así unos cuantos florines?

El hecho de que no exista una liga profesional complica la situación. Todos los jugadores son aficionados y actúan en una liga nacional de diez equipos, entre los que se cuentan Leo Victor, The Brothers y los dos grandes: el Robin Hood y el Transvaal. El Robin Hood es el más ganador, con veintitrés títulos nacionales. El Transvaal, si bien tiene diecinueve torneos locales ganados, es más conocido como el "Rey de Copas", tras ganar dos Copas de Campeones de la CONCACAF, en 1973 y en 1981. Recordemos que luego de ganar esta última, obtuvo el pasaporte para jugar aquella recordada final de la Copa Interamericana contra el Rey de Copas argentino, el Independiente de Bochini (recordada, entre otras cosas, porque nunca se jugó).

Pero no nos vayamos de tema, sigamos con las declaraciones de Van Engel: "En Surinam, la gente no vive el fútbol, lo mira nada más...", "...en Holanda, en cambio, la gente ama el fútbol. Duerme con él, piensa en él. Es una experiencia completamente diferente cuando juegas allí". ¿Qué aportan estas cipayas declaraciones? A mí me gusta el fútbol pero no dormiría con él, más que nada por una cuestión de salud, recordemos que si "el futbolista es lo más sano del fútbol...". ¿Por qué idealizar y alabar a sus propios saqueadores? Así es la historia de Sudamérica.

Si tomamos al actual Barcelona, el mejor equipo del mundo y, posiblemente, de la historia, encontraremos sus orígenes en Holanda, principalmente por el eslabón perdido, Johan Cruyff. Si rastreamos los orígenes del fútbol holandés, este capítulo nos conduce directamente hasta el humilde Surinam. Así que, aunque lo sufra Chile, cuando se despierte el pequeño gigante, temblará, a sus pasos, el suelo sudamericano.

20. ATLANTINOS, EL EQUIPO PERDIDO

En el fútbol, como en la vida (que es como el fútbol), hay temas tabú. Temas que las familias no tocan en los almuerzos. Temas que en vano se intentan borrar. Uno de ellos es la unión de dos instituciones adversarias: Atlanta y Argentinos Juniors. Es probable que en las casas de hinchas de ambos clubes, si el niño de seis años le pregunta al padre si es cierto que alguna vez el Bohemio y el Bicho fueron un solo equipo, prefiera explicarle cómo se conciben los bebés con lujo de detalles y con demostración. Lo cierto es que no tiene sentido tapar el sol con el árbol. Y menos, sabiendo que si no hay nadie y el árbol que tapa el sol cae, su luz no hace ruido.

El Club Atlético Atlanta y la Asociación Atlética Argentinos Juniors, dos tradicionales instituciones de la ciudad de Buenos Aires, se fusionaron en 1934. La pica existente entre ambos equipos quizás se deba no sólo a la típica rivalidad de dos barrios cercanos o al origen villacrespense de Argentinos, sino también a una enemistad profundizada por aquella mala experiencia. Lo cierto es que por orden de la nefasta LAF (Liga Argentina de Football), que quiso hacer una reestructuración inexplicable, debieron fusionarse y jugar como siameses. También hicieron fusionar a Talleres de Remedios de Escalada con Lanús, y descender a Quilmes y Tigre por baja recaudación (no tenían aguante y/o eran pobres).

La campaña que disputó este pseudoequipo fue desastrosa. La incomodidad de estar juntos se sentía en cada partido. Quizás fueron "a menos" para ser fieles a su camiseta original, y que esta fusión —oh, error del destino— quedara borrada de la historia. Y así esta historia ha sido silenciada. Hoy vale la pena recordarla por ser un caso atípico en el fútbol —más cuando se trata de equipos enfrentados—, y en el que el resultado fue calamitoso. En definitiva, este breve y esporádico equipo, malo en lo deportivo, tiene el mérito de haber sido una de las peores experiencias deportivas del fútbol argentino. Desde ya, fue la peor campaña de ambos clubes, y la segunda peor campaña de la historia del fútbol argentino, sólo superada por la de Argentino de Quilmes de 1939.

Unión Atlanta-Argentinos Juniors (¿cómo se habrá decidido cuál iba primero?) ganó sólo 2 partidos en 39 fechas. Y perdió 32. Quedó a 11 puntos del anteúltimo, Ferro. Marcó 38 goles y recibió 113. Incluso terminó el torneo diezmado, ya que al final sólo llegó uno de ellos, Argentinos: en la fecha 25 Atlanta logró separarse —gracias a otra decisión arbitraria de la LAF— y tomarse unas vacaciones. En virtud de la verdad, la fusión sólo duró 25 partidos de los 39. En resumen: el máximo absurdo del fútbol vernáculo. Su camiseta fue roja con el cuello amarillo y azul.

1-8 contra River, 2-6 contra Boca, 1-6 contra San Lorenzo, 1-4 contra Talleres-Lanús, 0-6 contra Estudiantes y 1-6 contra Vélez son algunos de los más resonantes resultados adversos.

Jugaban de local en Atlanta, lo cual hacía que uno de los locales (Argentinos) fuera visitante, algo inentendible para la mente humana. La cancha quedaba dividida en tres sectores: el visitante, Atlanta y Argentinos, pues sus hinchas nunca resignaron su pasión original, ni aceptaron la fatídica fusión (como sí lo hacen los imbéciles modernos hoy en los ámbitos de la música y la gastronomía). Vitoreaban a su equipo siempre y cuando la tuviera algún jugador original de su club. Así, la hinchada bohemia alentaba a Unión Atlanta-Argentinos cuando el que tenía la pelota era un jugador de Atlanta. Y lo mismo con los hinchas de Argentinos. A la fuerza, quizás se trate de una de las primeras expresiones de conflictos internos dentro de una misma hinchada.

Una última experiencia perdida data de 1962. Luego de tan fatídica historia, casi como jugando, los directivos de ambas instituciones dicen "¿Nos juntamos de nuevo a jugar un partidito? En una de esas nos va mejor...". Ya con figuras como el Loco Gatti, el resultado confirma la historia: el combinado pierde 0-6 en un amistoso contra el América de Brasil.

Unión Atlanta-Argentinos, por todo esto, también encierra una experiencia de dignidad y amor a los orígenes, en donde valió más la pasión que los resultados. Y desde esa perspectiva, merece nuestro aplauso.

Pero hay un antes y un después de este experimento. La duda queda planteada. Habiendo compartido camiseta, habiendo compartido institución, los logros y fracasos de ambos equipos por separado, ¿no son un poco los logros y fracasos que en retrospectiva, le pertenecen a ambos? Como los hermanos peleados, no pueden negar su mismo origen familiar. Como los divorciados, no pueden borrar el matrimonio compartido. De este modo, ¿podemos determinar que Atlanta debería colgarse una estrella en su palmarés, o al menos media, y reconocerse como medio campeón de una Copa Libertadores de América? Nosotros creemos que no, pero hay que ver qué onda.

21. CONTRA VIENTO Y MAREA

De todos los clásicos del orbe, hay uno que tiene una particularidad irrepetible: Galatasaray vs. Fenerbahçe —el duelo turco por antonomasia— enfrenta a dos equipos de una misma ciudad (Estambul), pero situados cada uno en un continente distinto. Es por ello que con toda justicia podemos referirnos a un duelo intercontinental que data de 1909, cuando se enfrentaron por primera vez en un amistoso, mucho antes que las copas intercontinentales (e incluso las continentales) se pusieran de moda.

De pequeños estos clubes tienen poco, por lo que quizás se pregunte a qué viene este capítulo en este libro. Sucede que hubo un día, hace ya cien años, en que el Galatasaray fue literalmente un "equipo chico", y ya se sabe lo que son capaces de lograr los pequeños cuando en el fondo son gigantes.

De todos modos, los más tarde grandes de Turquía apenas daban sus primeros pasos allá por 1910. Nuestro pequeño gigante, Galatasaray, fue fundado en 1905 y es el primer club de fútbol realmente turco, ya que los que competían contra él al principio eran clubes ingleses y griegos de Estambul, que era Constantinopla todavía (pero ya no más Bizancio).

Cruzar de un continente a otro puede ser una odisea. De hecho, la *Odisea* narra justamente la vuelta de Ulises desde Troya, situada en Asia, a la isla de Itaca en Europa (por ello quizás sería más acertado decir que el viaje de ida de Europa hacia Asia —perdone la redundancia sonora— es más bien una ilíada). Sin embargo, viviendo en el Estambul posmoderno es muy fácil cambiar de continente sin los problemas del *jet lag*, la moneda, aduana, migraciones, etc. Claro, es muy fácil hacerlo ahora, de 1973 para acá, con el puente del Bósforo en funcionamiento. Anteriormente, sólo era posible cruzar de lado a lado en ferry. Hoy día la gente sigue masivamente utilizando el ferry para pasar de lado a lado, salvo... que haya una tormenta fuerte que dificulte la navegación.

Eso mismo, una fuerte tormenta que dificultó la navegación, fue lo que ocurrió el 12 de febrero de 1911 en el estrecho del Bósforo. El Galatasaray tenía una cita en el estadio del Fenerbahçe para jugar su tercer clásico de la historia, luego de un primer amistoso con victoria en 1909 y de otro triunfo más para el Galata, ya por los puntos, al año siguiente. Los canarios asiáticos por su parte querían a toda costa que la tercera fuera la vencida.

Sin embargo, las inclemencias del clima permitieron que solamente seis jugadores del Galatasaray desembarcaran del lado de Asia para llegar hasta la cancha del Fenerbahçe a la hora señalada. Intentando burlarse del rival para amedrentarlo hasta hacerlo desistir, Fenerbahçe alegó que si no se empezaba el partido, éste se le tenía que dar lógicamente por ganado. Once contra seis, tenía que ser afano.

Esos seis del Galatasaray, sin celulares para saber por dónde andaba el resto del equipo, pero sin miedo de reducirse para ir a por sus primeras horas de gloria, apenas se miraron entre ellos para saber lo que iban a decidir:

"¡Jugamos, canejo!" dijo Ali Sami Yen, quien por ese entonces cumplía en el Galatasaray las funciones de fundador, socio número uno del club, presidente, arquero y capitán. Se entiende que él fuera capaz entonces de tomar esa decisión, pese a que el director técnico del equipo, llamado Emin Bülent Serdaroğlu, que a la vez jugaba de mediocampista (se ponía siempre), estuviera varado en algún barco en la orilla europea.

Uno de los seis jugadores, Ahmet Robenson, le recuerda a Ali Sami Yen: "Mirá que es como si fuéramos cinco, yo soy el arquero suplente tuyo". El indoblegable le contesta: "No importa, hoy vas a jugar con alma y vida. Tratá, eso sí, de no agarrarla con las manos y, sobre todo, escuchá cuando yo grito que es mía en algún centro".

El Fenerbahçe se frotaba las manos y se aprontaba a golear lo más abultadamente posible para que los resultadistas luego mirasen solamente el marcador sin tener idea del rival mermado al que habían enfrentado.

Arranca el partido. Obviamente no era "una tarde de sol" como el marco de los relatos futboleros presupone, sino una de viento y lluvia. Galatasaray se ordena desde abajo con un esquema de 4-1-0 por delante de su arquero. Sí, lo más de punta que tenía en cancha era un único mediocampista. Comienzan los chistes en la tribuna, preguntando cómo se dice "ole" en turco y protocreando un canto que decía algo así como "bürümbümbüm, bürümbümbano, es un afano, córtenle una mano".

Sin embargo, una hora gloriosa para los leones del Estambul europeo estaba destinada a ser escrita ese día. A los nueve minutos de juego, tras una dinámica jugada, ocurre lo impensado: gol del Galatasaray, por medio de su lateral izquierdo, el kurdo Celal Ibrahim. En el Fenerbahçe se miraban con cara de "bueno, dejémonos de juguetear, arranquemos en serio que si no pasan estas cosas". A Celal ya lo conocían: había marcado el primer gol de la historia del clásico en aquel amistoso de 1909.

Un poco después, alguien grita mientras se acerca corriendo al borde de la cancha, todo mojado, despeinado y acelerado. Es Emin Bülent Serdaroğlu, el jugador y técnico que acaba de conseguir bajar de un bote desafiando a la imposibilidad de navegar en el picadísimo Mar de Mármara a esa hora. Se había venido poniendo la camiseta mientras corría, así que sin dilación se manda a sí mismo a la cancha, entra y se acomoda. "¿Cómo vamos?" pregunta. "Ganamos uno a cero", le contesta un compañero.

Si con seis iban ganando, con siete jugadores ya fue baile. Así fue aumentando el marcador, con un gol más del milagroso Celal a los 31 minutos, y dos más todavía a poco de arrancar el segundo tiempo, a los 49 y a los 55 ¡4 a 0! ¡Cuatro goles de Celal! A falta de *hats*, se instaura en ese momento el *turbant trick* para los jugadores que meten cuatro goles en un partido turco.

Emin Bülent se pregunta entonces como jugador: "¿Y yo para qué vine?". Como técnico se pregunta: "¿Y vos para qué viniste?". Ambas interpelaciones despiertan la sed de triunfo y Emin se anota en la goleada: marca a los 62 y a los 73. El Fenerbahçe sufre y el tiempo se acaba. A tres minutos del cierre del partido, el otro jugador de ataque que quedaba, Idris, cierra el marcador histórico.

7 a 0. La mayor diferencia de gol en el clásico entre estos dos equipos, aún a fecha de hoy. 7 a 0 arrancando con seis jugadores. Hoy en día se siguen vendiendo remeras en Estambul con las formaciones y el resultado de ese día. Cada año, el 12 de febrero es fiesta del lado europeo de la ciudad.

La nobleza obliga a añadir que el partido fue muy duro, y que no por nada el Fener terminó con nueve jugadores (y no es que los hayan expulsado, sino más bien lesionado). Pero eso ocurrió hacia el final del partido. No intenten quitar gloria de donde está grabada con indeleble buril.

La nota triste de este encuentro la aporta la historia del siglo XX, que no difiere mucho de la del siglo XXI. Ocho meses después del 7 a 0, Idris muere en la Guerra Italo-Turca, también conocida como Guerra de Libia, exactamente cien años antes de que Libia vuelva a estar bajo fuego cruzado. Encima, seis años después, el tetragoleador Celal muere en la defensa de Bagdad, intentando proteger a la capital iraquí de la invasión de los británicos. La historia vuelve a repetirse/ mi muñequita dulce y rubia/ el mismo amor, la misma lluvia. Una lluvia de la gran siete... a cero.

22. UN EQUIPO (CASI) TODOPODEROSO

La República Democrática del Congo es el segundo país en extensión de África, pertenece a la parte negra del continente y tiene una historia bastante típica de nación africana. Primero fue colonia, en este caso de Bélgica (de ahí el "Congo Belga"), luego se independizó, en 1959, para pasar a ser nuevamente colonia pero, en este caso, de EE.UU. y de un modo más moderno. Por intermedio de un dictador apoyado por la CIA, en esta oportunidad el pintoresco Mobutu, el país mantenía su independencia pero era igualmente manejado y explotado desde el exterior. El tema es que cuando el colonizador es "el mercado", no se sabe bien a quién hay que reclamarle o contra quién rebelarse.

En 1971, este país cambió su nombre por el de Zaire, equipo que todos recordamos por su destacada participación en el mundial 1974, con cero goles a favor y catorce en contra en tres partidos jugados. Pero nadie podrá olvidar la imagen de un jugador zaireño, ubicado en la barrera en el marco de un tiro libre a favor de Brasil, que sale corriendo luego del pitazo del árbitro y patea el balón ante la mirada atónita de todos, que se preguntaban si dicho jugador conocía realmente el reglamento del fútbol; si, misteriosamente, estaba haciendo tiempo para asegurar la derrota; o si había sufrido un ACV súbito y estaba bajo un síndrome confusional.

En fin, la historia termina (o continúa), entonces, cuando justo en el momento en que dicho país deja de ser útil para determinados intereses, como ser la Guerra Fría por ejemplo, la CIA reacciona y se da cuenta, como quien descubre una infidelidad, que en realidad ese presidente democrático y amigo era un dictador genocida, loco y terrorista. Y así el ciclo...

Dentro de este marco histórico, en 1939, unos monjes benedictinos fundan lo que, después de varios cambios de nombre, hoy es el Tout Puissant Mazembe Englebert. Fiel a su origen religioso y marcando su propio destino, el Todopoderoso Mazembe.

Ganador en varias oportunidades de la liga local, tuvo dos oleadas de dominio continental. La primera, tiempo después del retiro del "Che" Guevara de dicha zona de conflicto y ya instalado Mobutu en el poder, llegando a la final de la Champions Liga africana cuatro veces seguidas, ganando las de 1967 y 1968 y perdiendo las dos siguientes.

Y la segunda, la que nos ocupa a nosotros, repitiendo dicho logro en 2009 y 2010. Con la diferencia de que, hoy en día, ser el rey de África implica también la posibilidad de participar en la gala intercontinental denominada Mundial de Clubes.

En 2009 llegaba por primera vez a dicha cita y los nervios hicieron que su participación acabara en forma precoz con un 1-2 ante los Pohang Steelers de Corea del Sur ("los ponjas").

Pero los Cuervos tendrían su revancha en 2010. Tras frustrar la esperanza del Esperanza Deportiva de Túnez con una goleada en la final, el equipo blanco y negro llegaba nuevamente a Abu Dhabi, esta vez con la expectativa de quedar en la historia grande del fútbol mundial.

El debut era contra el Pachuca mexicano, representante de la CONCACAF. Es bueno aclarar primero que el actual mundial de clubes incluye a todos los continentes para hacerlo más llamativo o más redituable en términos económicos pero que, en los hechos, sigue siendo la vieja Copa Europeo-Sudamericana o Intercontinental. Justamente, el único que podría ser considerado un tercero en discordia a priori es el representativo de la CONCACAF (o, lo que es lo mismo, de México).

Sin embargo, todas estas consideraciones se daban antes de la aparición del todopoderoso equipo africano.

Decíamos que el debut fue con el Pachuca y los Cuervos madrugaron y, con un gol de Mbedi a los 21 minutos de juego, durmieron a los mexicanos. A partir de ese momento, todo fue aguantar el resultado para dar el batacazo del mundial. Fue la primera sorpresa en la historia de los mundiales de clubes, valía el acceso a jugar la semifinal con el Internacional de Porto Alegre y mandaba al Pachuca a jugar con el Al Wahda local por el 5° puesto.

Así llegaban, el Sport Club Internacional, campeón de la Copa Libertadores en 2006 y 2010, del mundial de clubes en 2006 (derrotando al Barcelona), de la Recopa 2007 y de la Copa Sudamericana 2008, y el pequeño gigante africano.

Con goles de Kabangu y Kaluyituka (Botín de Plata del mundial), los Cuervos sorprendieron a los Gáuchos y, ahora sí, pasaron a ocupar las primeras planas de los diarios deportivos mundiales. Por primera vez se rompía la hegemonía europeo-sudamericana y el campeón mundial saldría de una final entre un equipo europeo y uno africano: el Mazembe, un equipo integrado totalmente por jugadores africanos, con ocho de los once titulares oriundos del mismo Congo; y el Inter de Milán, sin italianos en la formación titular, que venía de obtener en forma contundente la triple corona (Liga, Copa y Champions).

Rápidamente el Inter se puso al frente 2 a 0 con goles de Pandev y el traidor a la causa Samuel Eto'o. Y todo se hizo ya muy cuesta arriba para el Mazembe, que intentó pero no pudo. Faltando cinco minutos, el Inter decoró un 3 a 0 que no cambiaba las cosas. Ya la historia de los mundiales de clubes no volvería a ser la misma.

El delantero del Flakelf a punto de convertir el gol,
ante la pasividad del débil FC Start.

Si no es por tierra será por mar. Galatasaray
se prepara para jugar con la mitad de su plantel.

23. MORALES ALTAS

El equipo Litoral de Cochabamba, Bolivia, anima la segunda división del fútbol de aquel país, que se llama "Primera A". Siendo un equipo chico y desconocido, sin embargo puede jactarse de haber salido campeón cuatro veces, quedando en quinto lugar en la estadística histórica nacional, junto al reconocido Blooming. El tricolor obtuvo un tricampeonato en los años 47, 48 y 49, cuando el campeonato era amateur, y el restante en 1954 cuando se hizo semiprofesional.

Su momento de gloria internacional lo tuvo en 1969, cuando participó de la Copa Libertadores, compartiendo grupo con Bolívar (Bolivia), Cerro Porteño (Paraguay) y Olimpia (Paraguay). No pudo pasar de fase y obtuvo sólo un punto, al empatar contra Bolívar. Terminaron pasando los dos paraguayos, luego de un curioso desempate por el segundo puesto entre Olimpia y Bolívar, jugado en cancha neutral, en Avellaneda.

Hasta aquí es una curiosa y valiosa historia de un equipo chico que en la historia le disputa la estadística a los grandes de Bolivia, incluso superando en campeonatos a muchos equipos que siempre militaron en primera. Pero hay algo más.

El Litoral de Cochabamba es el equipo en donde se produjo el debut más tardío de un jugador de fútbol, es decir, en el cual un jugador jugó su primer partido oficial a la edad más avanzada: 48 años. A la edad en que muchos ya piensan en el retiro (para recordarlo o celebrar los diez años del acontecimiento), este jugador estaba debutando. Sucedió en abril de 2008.

Pero hay algo más. El jugador mencionado se llama Evo Morales, y no es otro que el presidente de la República de Bolivia. Evo Morales fue nombrado además presidente vitalicio de este club, en el que se fichó para jugar el campeonato oficial de segunda división. En perfecto estado físico, el mandatario debutó contra el Municipal, de titular, llegando a jugar 37 minutos. Cuentan las crónicas que sus compañeros no le hicieron pases y que alcanzó a tocar sólo un par de pelotas. ¿Internas en el Litoral?

El club pertenece a la Policía Nacional y el debut de Morales terminó 4 a 1 a su favor. Aunque el partido se retrasó porque Morales estaba en duda por un resfrío y llegó quince minutos tarde al cotejo, pese a las advertencias del técnico que había declarado que si no llegaba una hora antes, jugaría de suplente.

No sería sólo un gesto demagógico, ya que la pasión del presidente por el deporte y por reivindicar la altura para partidos de fútbol, hizo que jugara algunos partidos más. En junio del año siguiente jugó con la casaca 10 y la cinta de capitán contra Atlético Alianza. El partido terminó 1 a 0 a favor del Litoral.

Las estadísticas no nos dejan mentir. Las disponibles nos dicen que Evo Morales como jugador profesional de fútbol tuvo 100% de efectividad, ganando 6 puntos sobre 6 jugados, siendo uno de los tantos casos únicos en la historia mundial.

Y el Litoral, sin duda, es el único club que tuvo en su plantel a un presidente nacional en funciones.

24. OTRO MANCHESTER UNITED ES POSIBLE

Quizás usted leyó algo sobre esto hace algunos años: un grupo de fanáticos descontentos con la venta del Manchester United al magnate estadounidense Malcolm Glazer decidieron apostatar a los diablos rojos y emprender un nuevo camino. Es decir, fundar un nuevo club: el FC United de Manchester. Pero ¿qué pasó luego de su fundación? El que crea que todo esto quedó en la anécdota, está muy equivocado. A fuerza de rebeldía, despecho y romanticismo, el FC United de Manchester, es un pequeño gigante en vías de desarrollo. Ya camina y dice "Glazer puto".

Había ocurrido algo similar un par de años antes. Los aficionados del Wimbledon fundaron el AFC Wimbledon, un club alternativo en disconformidad con la venta del club. Pero claro, ser hincha del Wimbledon original y del Wimbledon con capacidades diferentes no implicaba grandes diferencias. Pero ¿puede ser que hinchas de uno de los equipos más grandes del mundo, acostumbrados a disfrutar en su campo de las máximas estrellas del fútbol global y a ver a su equipo disputar los trofeos más importantes, renuncien a todo ello y apuesten a empezar desde cero? No.

No, mentira, sí. Según explican los mismos fundadores del club, el *affaire* Glazer (nada que ver con Raymundo, más allá de haber dirigido "Los traidores", quizás en repudio a estos hinchas apóstatas) fue la gota que rebasó el vaso. Uno de sus dirigentes, Luc Zantar, comentó: "Estábamos hartos de todo en lo que se había convertido el fútbol: el dinero, la arrogancia, la falta de conexión entre jugadores y los hinchas, la manera en que los fanáticos éramos tratados, el ambiente tipo gestapo en las canchas. No soportaba el hecho de que costase treinta y seis libras (unos doscientos cuarenta pesos argentinos, esto lo aclaramos nosotros. No es parte de la cita ni creemos que Zantar estuviese al corriente del valor de nuestra moneda durante su declaración) ir a un estadio en el que no podés estar parado, ni gritar, ni tirarte un pedo, nada".

La revolución del FC United, que ya estaba en marcha e iba a los pedos como querían sus directivos, no era sólo contra el manejo del Manchester sino contra todo el sistema del fútbol inglés y de alguna manera del fútbol mundial. Quizás algo tarde, pero un grupo de hinchas se había dado cuenta de que el fútbol es también un negocio y ya no se lo bancaban más.

El flamante club, organizado hiper democráticamente (cada socio tiene un voto y se decide todo en asamblea, desde el precio de las entradas hasta los objetivos deportivos. Una especie de utopía rousseauniana futbolera), logró juntar una buena cantidad de donaciones y sponsors, y enseguida se puso en marcha. Los primeros tres años fueron vertiginosos. El FC United logró tres ascensos consecutivos, desde la décima división hasta la séptima. Allí se quedaron un poco trabados, y si bien han dado pelea para ascender a la Conference North League, todavía no lo han conseguido.

Pronto el United se empezó a destacar no sólo por su carácter de club democrático anti-realidad, sino también por la fidelidad y peculiaridad de sus hinchas. A decir verdad, no todos renunciaron al Manchester United. Algunos de hecho siguieron manteniendo su abono en Old Trafford (con abono nos referimos a los tickets por temporada. Al césped lo cuidan profesionales del club), pero muchos renunciaron a darle más dinero a Glazer y su familia usurpadora. La mayoría respeta a las viejas y últimas glorias aún presentes (Giggs, Scholes), aunque están decepcionados con la mansitud de algún que otro emblema, especialmente Alex Ferguson. Como contrapunto y como sinónimo de jugador idolatrado, por no callarse nada y defender siempre al hincha por sobre las corporaciones (más allá de alguna patada voladora al público de vez en cuando) está Cantoná. Tal es así que usualmente los Red Rebels van al estadio con su careta.

Otra cosa interesante de analizar respecto de la hinchada son sus cánticos. Allí los blancos de los insultos son más que nada Glazer, Sky TV y algún que otro jugador mercenario tipo Ferdinand (I don't care about Rio/ Rio don't care about me/ All I care about is watching FC). Entre las bandas más versionadas están los Inspiral Carpets, Beach Boys, The Pogues, Sex Pistols y Twisted Sister. Si uno tuviera que quedarse con un tema, tienta elegir la reversión de "Girlfriend in a coma" de The Smiths, con su nueva letra "Glazer in a coma, I hope, I hope it's serious/ die die die die die die die Glazer die!" (Glazer en coma, espero, espero que sea serio/ ¡muere muere muere muere muere muere muere Glazer muere!).

Más allá de haber frenado su escalada ascendente, en 2010 el equipo realizó una histórica FA Cup. Luego de vencer en las etapas preliminares a la magia del Radcliff Borough, al carisma francés de Gainsborough Trinity, a la tradicional seguridad tipo NBA del Norton & Stockton Ancients y al Barrow, que participa en una división tres categorías por sobre la del United, se enfrentaron con un equipo profesional de tercera división: el Rochdale. A pesar de jugar de visitante y soportar el incesante cántico de "dale, dale, dale, dale, dale Rochdale", los Red Rebels se pusieron rápidamente 2 a 0 arriba. Luego el Rochdale igualó, pero en el cuarto minuto recuperado, Mike Norton encontró una falla en el sistema defensivo, apuró al arquero Lillis y tras puntear el balón antirreglamentariamente cuando el arquero lo tenía en su poder, lo mandó a guardar con el arco vacío. El árbitro, quizás obnubilado por la utopía romántica de los rebeldes, hizo caso omiso al reglamento y al sentido común, y convalidó el gol.

Con la hazaña consumada (muy distinto a la lasagna consumida, ver Deportivo Quesos Kümey), el FC United avanzaba y se preparaba para visitar a otro equipo de tercera división, el Brighton, que esa temporada ganaría su categoría, por lo que era virtualmente un equipo de la Football League, es decir, de la segunda. Más allá de esto, lo más apasionante era que de pasar esta ronda el FC United iba a tener que disputar un partido contra un equipo de la Premier League. ¿Quién sabe?, con un poco de suerte hasta podían llegar a jugar un duelo ansiadamente parricida contra el colonizado Manchester United...

En Brighton el sueño continuaba. Nicky Platt, volante con llegada y jardinero de un campo de golf adelantó a la Red and White Army. Pero no iba a durar mucho. Un jugador proveniente de un país lleno de vacas y colectivos iba a frustrar el sueño rojo. El disparo de Mauricio Taricco, ex Argentinos Juniors, fue inapelable y el partido se puso 1 a 1. El poderoso fue a por más y así se encontró con un polémico penal a falta de minutos para el pitazo final.

Antes de ese pitazo último hubo otros intermedios. Uno de ellos le dio la orden al delantero del Brighton, Elliott Benett, un nombre familiar para muchos argentinos (sobre todo si han leído a TS Elliot o escuchado a Tony "Balín" Bennett) remató violentamente hacia la derecha. Parecía gol. Y así lo fue. Al menos así se vivió entre los hinchas del United, como un gol. Sam Ashton se estiró varios centímetros más de lo normal y con sus dedos logró desviar lo suficiente el balón como para enviarlo al córner. 1 a 1 final y nadie lo podía creer. La semana siguiente se tenía que jugar el famoso *replay* en Manchester. Todo podía pasar, el sueño estaba cerca. Pero créase o no, el *ripley* no salió bien. A pesar de quebrar su récord histórico de asistencia con 6.731 fanáticos, el FC United of Manchester cayó por 4 a 0.

No florecieron los goles del jardinero Platt. El tío Sam Ashton no pudo contener los embates rivales. El movedizo asesor fiscal Carlos Roca no pudo recomendar nuevos programas de pago impositivo de desbordes y enganches en el área. El Manchester del pueblo quedaba afuera, pero prometiendo dar pelea en el futuro. Y el futuro ya llegó. Pero todavía no lo hacen pasar, está afuera, en el hall, leyendo este libro.

25. UN TOPO QUE VUELA BAJO EL AGUA

Hacia finales de la década del 60, en una Montevideo más agitada que nunca a causa de la guerrilla, las huelgas estudiantiles y las medidas prontas de seguridad por parte del gobierno, se dio el nacimiento del marketing antes de que los avezados cerebros del norte lo pusieran en práctica. La causa: la alianza entre Huracán Buceo y el Topo Gigio.

El Club Social y Deportivo Huracán Buceo fue fundado el 15 de marzo de 1937, aunque recién se afilió a la Asociación Uruguaya de Fútbol en 1952. Nacido en el costero barrio del Buceo, zona de raíz obrera enclavada entre dos barrios pequeñoburgueses como son Pocitos y Malvín; recibe el mote de los tricoplayeros o de los funebreros, ya que el rojo, blanco y negro de su camiseta es un homenaje a Chacarita Juniors. A lo largo de su historia no han salido grandes jugadores de sus juveniles, aunque se puede nombrar a un Nelson "Pelado" Acosta, férreo número cinco venido de Tacuarembó y que después de ser vendido a Chile llegó a la dirección técnica de esta selección; o a un Sergio "Colacho" Ramírez, lateral izquierdo exquisito que tuvo una forma original de conseguir un pase al exterior. En 1979, Brasil le ganaba 5-1 a Uruguay en el Maracaná y Rivelino estaba sobrando a los celestes. "Colacho" no aguantó más, lo corrió y le dio una patada fenomenal en los glúteos que hizo volar a Rivelino por los aires. A la semana, Flamengo contrataba a nuestro héroe para que marcara a Rivelino, que jugaba en el Fluminense.

Pero volvamos a los 60, más exactamente al año 1968. Nuestro Huracán Buceo estaba en la B a la vez que en la televisión rioplatense Juan Carlos Mareco debutaba con el Topo Gigio. El campeonato aún no había comenzado cuando nuestro ratón marketinero ya era mirado por miles de personas. Un genio, anónimo hasta ahora, directivo del tricoplayero, propuso que para el arranque del campeonato el viejo Huracán Buceo saliera con el Topo Gigio de mascota. A partir de ahí se dio una situación inédita en el fútbol uruguayo, siempre pendiente de lo que hagan esas princesas histéricas y maleducadas que son Peñarol y Nacional: Huracán Buceo cosechaba victorias, el Topo Gigio se paseaba por las canchas y la venta de entradas se disparaba de manera asombrosa. Todos los sábados, una caravana infinita acompañaba a Huracán; y mientras más ganaba, más gente iba a verlo, siempre comandados por ese amigable barra brava llamado Topo Gigio que cantaba canciones del tipo "En un bosque/ de la China". Ciento cincuenta mil personas siguieron al equipo durante el campeonato, que tuvo su gran fiesta de público en una finalísima con Bella Vista, en el mítico Estadio Centenario, ante más de sesenta mil personas, la gran mayoría yendo a ver al Huracán Buceo del Topo Gigio.

Fue una final rara, extraña, donde a los quince minutos el Papal (recordar que la camiseta de Bella Vista es igual a la bandera del Vaticano) ganaba 2 a 0. El tiempo pasaba y el empate no llegaba. Y, de hecho, jamás llegó. Como buen producto de marketing que fue, la sociedad Huracán Buceo-Topo Gigio creó una necesidad que a la larga no colmó las expectativas del consumidor. La decepción al término del partido fue terrible y una crónica desoladora de la época lo dice todo: "...el Topo Gigio quedó llorando en la tribuna".

Al año siguiente, ya sin tanto *boom*, Huracán pudo lograr el ascenso. Pero su gran victoria estuvo en su sociedad estratégica con el Topo Gigio que le permitió tener hasta más prensa que los anquilosados Peñarol y Nacional.

Una vez un ignoto filósofo argentino dijo que "cambiarse de un cuadro chico a uno grande es un acto de cobardía mientras que cambiarse de un cuadro grande a uno chico es un acto de heroicidad". Y en un país como Uruguay, lleno de cobardes futbolísticos, al menos por un rato y gracias a la sociedad Huracán Buceo-Topo Gigio, el fútbol uruguayo se llenó de héroes.

26. EL MILAN EN 2 D

Estimado lector, tómese unos segundos e imagínese esta situación que, no por hipotética, es menos real (aunque por definición sí sea menos real por ser hipotética):

Es una gris tarde de agosto de fines de los 80. Don Gregorio, sexagenario y rubicundo, entra al bar del Ruso Ortiz en el barrio de Nueva Pompeya. Con voz ronca pide una porción de muzza y un moscato mientras se saca la bufanda y pregunta, casi con desinterés:

— Che, Ruso, ¿cómo salió Midland ayer?

Usted probablemente no conozca a Don Gregorio en la vida real. Yo tampoco lo conozco, aunque ya me cae mal por el temita del colaboracionismo en los setenta que le imagino. De hecho, Don Gregorio tiene la seria limitación vital de ser tan sólo un arquetipo literario, una forma elegante de decir "un estereotipo", un producto de la imaginación. Pero esto no lo hace menos real (o sí, ya que por definición no existe).

Ahora bien, Don Gregorio comparte con la práctica totalidad de los arquetipos literarios una característica: no es hincha de Midland. Esto le sucede también a la mayor parte de los seres reales. Pero, a fines de los 80, en el período entre febrero del 88 y septiembre del 89 para ser más precisos, preguntar por Midland no era una curiosidad para el futbolero de ley, sino casi una obligación.

Fundado en la ciudad de Libertad un 28 de junio de 1914 (precisamente el único 28 de junio de 1914 que hubo, curiosamente, en el año 1914), el Club Atlético Ferrocarril Midland es uno de los tantos clubes sociales y deportivos que surge del hoy por hoy casi desaparecido ecosistema de los ferrocarriles argentinos[1]. Creado por un grupo de empleados ferroviarios claramente más contentos con ser explotados por el ferrocarril de lo que le gustaría a Karl, Midland era originalmente un club con el fútbol y el baile como principales actividades, lo cual propiciaba los chistes de los demás clubes de la zona.

Los primeros tiempos fueron turbulentos: la primera sede se consiguió en 1928, pero el club se escindió (ja, pequeña palabra metimos ahí, ¡eh!) en Club Midland y Club Atlético Libertad en 1929, con tanto éxito que cuatro años después volvió a ser un solo club, con el nombre actual y la remera blanca con una banda azul cruzada. En 1952 construyó su actual estadio y en 1956 la sede social definitiva.

En 1960 se afilia a la AFA y comienza a participar en los campeonatos de Primera D, categoría en la que ganaría tres campeonatos (1968, 1988/1989 y 2008/09), con los consecuentes ascensos a categorías superiores. Además, logró el ascenso a Primera B en 1995/1996, ya que faltaban equipos en dicha categoría, en otra clara muestra de la AFA mafiosa de Don Julio (a quien deberíamos decirle Don, como a los mafiosos, no Don como a los viejos del barrio) ayudando a los equipos grandes a lograr sus objetivos.

Para completar la breve descripción de los logros deportivos, y antes de meternos de lleno en la gloria que realmente nos interesa de este simpático equipo de Merlo, cabe mencionar que en 1964 ganó el Trofeo Fiorentino Hermanos, en 1969 el Trofeo Joyería Tassarolo y en 2008 la Copa Amistad. Estos torneos equivalen a nivel local a algunos trofeos internacionales que se quieren adjudicar Boca e Independiente para obtener el título de Gay de Copas (la sota, claramente).

Pero vamos a lo que nos interesa: ¿por qué un jovial anciano fascista como Don Gregorio le preguntaría al Ruso Ortiz, bartender del barrio y mediocampista central de San Lorenzo frustrado por una lesión en la rodilla, por Midland si, como hemos establecido, es hipotéticamente 'no de Midland' (más allá del detalle de no existir y ser sólo un producto, vívido y cuya voz nos habla por las noches, de la imaginación)?

Como todas las grandes epopeyas épicas, nuestra historia comienza con una profecía que a esta altura tiene mucho de leyenda y tal vez nunca haya sucedido, pero preferimos pensar que sí, porque hace que el universo sea mucho más mágico. Y queremos vivir en un mundo con magia: nos gustan los conejos.

En la anteúltima fecha de la temporada 87/88 de la Primera D, Lugano se consagra campeón, justamente en el estadio Ciudad de Libertad. El partido termina en empate, pero no por ello el técnico Carlos Ribeiro de Lugano zafa de los insultos constantes de la Tumba 12^2. Llegando al final del partido, y suponemos que con un tonito medio canchero bien ganado, Ribeiro encara a la platea de Midland y le grita un sonante "Hoy me putean, el año que viene los saco campeones".

Suponemos que tan sólo para justificar la inclusión del párrafo anterior en este texto, en junio de 1988 Carlos Ribeiro es contratado como director técnico de Midland (aunque no sabemos bien por qué se fue de Lugano luego de sacarlo campeón. Imaginamos que se cansó de los chistes cuando su equipo ganaba 2 a 1) y revoluciona el club: para comenzar, lleva a los jugadores amateurs a hacer una pretemporada como los profesionales de las categorías más altas.

La preparación dio sus frutos y cuentan aquellos que vieron a ese Midland que los jugadores volaban por la cancha, que tenían un despliegue con el que los otros equipos no podían competir, que físicamente eran muy superiores. Y tan así fue que, desde el 13 de febrero de 1988 en que perdió 1 a 0 con Puerto Nuevo hasta el 9 de septiembre de 1989 en que cayó frente a Sarmiento de Junín también por 1 a 0, el equipo de Ribeiro engranó cincuenta partidos invicto, un récord absoluto a nivel sudamericano (curiosamente, la misma cantidad de partidos invictos lograda por el famoso Milan de Capello en 1993).

No se puede, por supuesto, dar todo el mérito de esta gloriosa época a los jugadores y al cuerpo técnico: gran parte del éxito se debió al amuleto: una campera de cuero utilizada por Ribeiro durante todo el torneo, aun en pleno verano. Para lograr tal hazaña digna de un fakir, el técnico hizo lo que cualquiera de nosotros haría en los momentos de mayor calor: lleno los bolsillos de la campera de cubitos de hielo.

Todo se justifica en los números. Con 36 victorias y 14 empates, 99 goles a favor y sólo 24 en contra, un campeonato de Primera D ganado y ascenso, esta época es la mayor gesta histórica de este humilde club pero también una de las mayores de la historia del fútbol argentino.

No es extraño entonces que, en nuestras hipotéticas mentes, el muy real Don Gregorio siga, eternamente, preguntando "Che, Ruso, ¿cómo salió Midland ayer?"

[1] Al día de la fecha, los Ferrocarriles Argentinos se encuentran incluidos en la lista de especies en peligro de extinción junto con animales como el tatú carreta (un musical animal ruso), el yaguareté (en peligro de desaparecer por ser mal llamados "puma"), la chinchilla grande y la chinchilla chica (la medium ya se ha extinguido) y el ciervo de los pantanos (animal que claramente no ha encontrado su lugar en el mundo).

[2] Tal es el apodo de la hinchada de Midland. Es interesante como anécdota que Midland eligió el apodo para el equipo por votación, decidiéndose por "El Funebrero" por su proximidad con un cementerio. Y por no sentirse menos que Chacarita. Porque, seamos sinceros, nadie se quiere sentir menos que Chacarita. Ni siquiera usted.

27. EL INVICTO LAS PONE MIMOSAS

En la ciudad de Abiyán, allá por 1983, nacía la futura estrella del Sevilla y del Espanyol, Romaric, jugador que no es Romario sólo por un pequeño segmento curvo vertical de tinta en la extrema derecha de su nombre. En aquella misma ciudad, ese mismo año, Drogbá, jugador que no es apología de los estupefacientes sólo por una letra b cerca del final de su apellido, cumplía cinco años. Pero, además, en 1983 Abiyán dejaba de ser la capital de Costa de Marfil. Sí, una ciudad de cinco millones de habitantes debía ceder la cabeza administrativa de un país de veinte millones ante la insufrible Yamusukro, es decir la Viedma marfileña concretada, una ciudad con doscientas mil personas y la friolera de ¡ciento sesenta y nueve barrios porteños!

Tamaña injusticia no podría, sin embargo, opacar el brillo que estaba por venir en el abiyanés equipo de la Academia Deportiva de Empleados de Comercio (sigla que es ASEC a secas en francés), el ASEC Mimosas. Lo de "mimosas" es por las plantitas sensitivas homónimas que adornan su escudo.

Lo que parecería ser un club para oficinistas amanerados es, en realidad, uno de los más grandes semilleros de futbolistas africanos. De sus inferiores salieron por ejemplo los dos Touré, los dos Kalou, el único Romaric antes mencionado, el singular Eboué, y otros que, como ellos, también prefirieron las luces de las ligas europeas. Pero la gloria es para los que la saben entender, allí donde ésta se encuentra.

El ASEC Mimosas, aparte de los logros resultadistas que lo colocaron en este libro, tiene un mérito loable que es el de apostar a una formación de alto nivel en las inferiores. Los marfileñitos que ingresan a su pensión, además de formarse como atletas, aprenden varios idiomas y saberes. Una vinculación estratégica con un par de clubes europeos les permite darles fogueo en el fútbol internacional a sus muchachos cuando crecen.

Con tal infraestructura, no resulta tan sorprendente que se haya alzado con veinticuatro torneos de la primera división marfileña, liga en la que intervienen, por ejemplo, el contagioso AS Denguélé con sus clásicos jugadores apestados de malaria; o el Séwé Sports de San Pedro, una entidad que a diferencia de la postura de Lucio V. Mansilla de quedarse a resistir en la Vuelta de Obligado optó por emigrar al África, despreciando clásicos regionales contra clubes de Baradero.

Las Mimosas tuvieron sus victorias internacionales más importantes en 1998 cuando ganaron la Champions League de la Confederación Africana derrotando al Dynamos de Zimbabwe, y luego la Supercopa contra el Espérance de Túnez. Hoy día eso les hubiera servido en bandeja un pasaje para disputar el mundial de clubes, pero lamentablemente para ellos esa competición todavía no existía.

¿Quién era el técnico de ese súper equipo? Pues nada menos que el argentino Oscar Fulloné, un jugador ignoto del Estudiantes de La

Plata del 61 que se fue a seguir su carrera afuera, encontrando su lugar en el mundo como DT en África, donde ganó dieciséis títulos y sigue peleando por sumar más. Hoy día está afincadísimo en Marruecos, donde se hizo famoso por repetir el éxito de las Mimosas al año siguiente llevándose la Champions League con el Rajá de Casablanca, equipo cuyo nombre increpa al visitante a no permanecer mucho en el campo de juego, aunque los más románticos prefieren entenderlo como un homenaje a la resistencia en contra de la avanzada nazi a la que adhirió Humphrey Bogart.

En 2006 le dijeron "Dirígelo de nuevo, Oscar", y el platense demostró que según pasan los años el éxito no le es esquivo: salió campeón de la Liga de Campeones Árabes, también conocida como Champions League Africana Sin Negros. Pero el Rajá tiene su propio capítulo en este libro, así que sigamos con lo nuestro.

Retrocediendo en el tiempo un poco más todavía, hasta la era pre Fulloné, es cuando nos encontramos con el suceso que convierte al ASEC Mimosas en la envidia de todo el universo del fútbol a lo largo y a lo ancho del planeta, con algo que ni los equipos famosos más ganadores ni los más resultadistas supieron conseguir.

Un día de 1989, el ASEC Mimosas de repente dejó de perder partidos. Sí, un Saramago futbolero hubiera escrito "Las intermitencias de la derrota", historia en la que los marfileños, descolocados ante la inesperada situación de la imposibilidad de perder un partido, deben reestructurar el fútbol: la hinchada se disuelve por innecesaria, los jugadores engordan y salen de noche, las casas de apuestas caen en bancarrota y los periodistas mala leche comienzan a buscarse un trabajo honesto. Desde ese día de 1989 hasta cinco años más tarde, en 1994, al equipo se le dio por no perder ni uno solito de los ciento ocho encuentros que disputó, conformando la racha invicta más extensa de la que se tenga noticia en los registros universales del fútbol.

El Steaua Bucarest detentaba ese record desde pocos años antes, con ciento cuatro partidos sin perder... pero 1989 venía bravo para los rumanos, y así no solamente iba a caer el infinito Ceausescu sino que en esa parte de la lejana costa africana donde la playa del golfo de Guinea mira hacia el sur como si fuera Ciudad del Cabo, el ASEC Mimosas comenzaba su racha épica, el plan quinquenal del "no perdamos".

¿Quién era el técnico de las Mimosas? Philippe Troussier, un técnico francés que allí se ponía los pantalones largos luego de dirigir equipos chicos franceses y se anotaba de ahí en más en la lista de los grandes conquistadores. Fue técnico de los equipos y selecciones más importantes de África, aunque su palmarés más resonante —fuera de este invicto mangnánimo— lo haya conseguido con la selección de Japón, ganando la Copa Asia, llegando a la final de la Copa de las Confederaciones FIFA, y conduciéndolo a octavos de final en el mundial que jugaron de locales en 2002.

Tanto le pegó la experiencia africana a Troussier que terminó radicándose en Marruecos, donde se convirtió al Islam y adoptó el nombre de Omar, en clara identificación con el hijo de Labruna.

Ciento ocho partidos sin perder... Equivalen a más de cinco torneos y medio de diecinueve fechas como los que se juegan en Argentina. Ciento ocho partidos sin perder, algo que no logra ningún equipo grande de ningún país, aun teniendo diferencias abismales de poderío con el resto de los de su liga. Ciento ocho partidos sin perder, un sueño inalcanzable tanto para líricos como para amarretes. No los ha conseguido (hasta ahora al menos) el Barcelona implacable del buen juego, ni el Mourinho cultor del arco en cero.

28. LA VERDADERA REVOLUCIÓN CUBANA

El lema de la selección de fútbol de Cuba ha sido siempre "Hasta la victoria... nunca". Es verdad, esta pequeña isla del Caribe, a pesar de su tamaño, ha sido y es potencia en distintos deportes pero no en fútbol. Sin embargo, es la más grande isla de Centroamérica no sólo en dimensiones sino también por haber logrado la más exitosa participación de dicha zona del planeta en mundiales.

Corría el año 1938 y llegaba el tercer mundial. Francia era la sede, lo cual generó una polémica tras la cual distintos países desistieron de participar de la cita mundialista, ya que le correspondía a América. Las eliminatorias no fueron fáciles para Cuba. Tuvo que inscribirse y esperar que todos los otros países anotados por la zona Norteamérica se retiraran solidarizándose con el boicot. De esta manera, se clasificó automáticamente para el torneo. Muchos años más tarde, el resto de los países de América se vengarían de este carnerismo pro-europeo pagándole con la misma moneda. Pero no nos metamos en política, el deporte debe mantenerse al margen, como siempre aclara Fidel en su discurso de despedida a la delegación olímpica al saludarlos con la frase "Socialismo o muerte".

El hecho es que, como quien no quiere la cosa (o, mejor dicho, sí la quiere), Cuba llegó a la gran cita para codearse con los grandes. Y los grandes, sabemos cómo son, lo miraban como preguntándole si era el mozo de tamaña fiesta. Ahí estaban el campeón Italia, el local Francia, un joven y todavía virgen Brasil, la poderosa Hungría y también la Alemania nazi que, si bien no tuvo una destacada participación, hizo un "reconocimiento del campo de juego" que le serviría para el partido que se jugaría a partir del año siguiente.

Por ese entonces, las cosas no tenían la tibieza de hoy en día. Todo era a suerte y verdad, a cara o cruz. Por eso el sistema de juego era a eliminación directa de movida. El mundial empezaba en octavos de final, en este caso, literalmente.

Al inocente cordero cubano lo esperaban los vampiros rumanos, sedientos de sangre futbolísticamente virgen. Pero esta pequeña selección isleña no tenía en mente ser el banquete de los hijos de Drácula.

Empezó ganando Rumania. Sin embargo, el primer tiempo terminó igualado luego de un gol de Socorro. Parecía que así terminaría el partido pero a tres minutos del final un gol de Fernández le daba la clasificación a los caribeños.

La alegría duró un minuto, el tiempo que tardó el equipo rumano en mandar el encuentro al alargue. Y en el minuto cien, puso las cosas en su lugar.

Pero Cuba no se dio por vencido y lo empató a cuatro minutos de volverse a casa, con un gol de, quizás (o quizás no, qué importa), la máxima estrella de la historia del fútbol de dicho país, Juan "Romperredes" Tuñas.

Por ese entonces, el 3 a 3 los mandaba a jugar otro partido, el cual se dio cuatro días después nuevamente en Toulouse, la ciudad de Gardel. Y otra vez empezó ganado Rumania.

Pero Cuba pidió Socorro y el goleador apareció para empatar el partido nuevamente. Y en el minuto cincuenta y cinco Oliveira metió el segundo y le clavó definitivamente la estaca en el corazón a Rumania. ¡Cuba en los cuartos de final del mundial! ¡Entre los ocho mejores del mundo!

El 0-8 ante Suecia en la siguiente fase es sólo una anécdota. La historia ya estaba escrita: nunca más una selección de América Central repetiría esta hazaña.

29. UN HOMBRE CON CARA DE TREN

Quizás hablar de las divisiones de ascenso del fútbol chileno sea para ustedes terreno de un antropólogo que se niega a hacer observación participante. Pues bien, para nosotros es una fuente de inspiración. Más cuando nos referimos a un equipo que ya desde su nombre nos está llamando. Y no porque se llame Vení FC o CA Te Espero. Estamos hablando del Fernández Vial.

Nominalmente uno encuentra sus particularidades. Son muchos los equipos que deben su nombre a alguna persona. Pero no es común encontrar un apellido tan común para nombrar un club.

Ni siquiera en este caso, pues la segunda curiosidad que nos hizo inclinar por contar esta historia es el adicional ferroviario del nombre del club, que sigue la tradición más genuina de la historia del fútbol, que debe mucho al mundo de los trenes, a su gente, a sus estaciones, a sus verdes campos a los costados de las vías. El Fernández Vial es parte de esta rica relación entre fútbol y trenes. Pero curiosamente, como una gambeta del destino, esta no es la explicación del agregado "Vial", ya que simplemente se trata del segundo apellido de Arturo Fernández, quien paradójicamente se dedicaba a los barcos, siendo almirante.

Cuenta la historia que el hombre que le da nombre a nuestro club participó de la batalla naval de Iquique, aquella con la que Chile pudo arrebatar el sur a Perú y convertirlo en su propio norte. Además, Fernández Vial fue designado por el gobierno para reprimir y sofocar una protesta en 1903 de trabajadores ferroviarios de Valparaíso. Nuestro héroe negó las órdenes e intercedió en favor de los huelguistas. Esto fue suficiente para que ese año el Club Deportivo Ferroviario Internacional decidiera ponerse su nombre.

Ésta es la historia de un tipo común, con cara de tren, que se convirtió en un club. Ésta es la historia del Fernández Vial.

El Club Deportivo Ferroviario Almirante Arturo Fernández Vial es un auténtico pequeño gigante, fundado como tal en 1903. Si bien milita en la Segunda División, tiene como clásico al gran Deportes Concepción, club que anima el fútbol de primera de Chile. Asimismo, es un club con muchos seguidores, cosa rara en el fútbol trasandino cuando se trata de clubes chicos, pero no tanto cuando se habla de clubes de Concepción, ciudad futbolera por excelencia. Quizás la pica con Deportes Concepción se remonte a 1966, año en que se crea el susodicho club, de forma artificial, con la fusión del Galvarino, el Liverpool (no de Inglaterra ni de Uruguay), el Santa Fe y el Juvenil Unido. La idea era generar un equipo fuerte que representara a la ciudad en la nueva Asociación Nacional de Fútbol. Fernández Vial, al igual que Universitario, se negó a resignar su identidad y fusionarse, comenzando así una historia de rivalidades. Esto le valió la prohibición de participar de dicha Asociación, pudiendo acceder a ser profesional recién en los años 80, como parte de la Tercera División.

Es fundador de la Asociación de Fútbol de Concepción, junto a grandes del fútbol como Brasil, Chile-Alemania, English United, y grandes de otros ámbitos como Gutemberg y Sargento Aldea, entre otros.

Se jacta de haber logrado una hazaña al ser el único club chileno en lograr ascender de la Tercera división a la Segunda, y enseguida a la Primera. Esto sucedió en 1981 e hizo que recién en 1982 pudiera concretar el primer partido del clásico penquista contra Deportes Concepción, constituyéndose en uno de los pocos —si no el único— clásico de la historia del fútbol que existía antes de jugarse un solo partido, y que tuvo que esperar al menos quince años para contar con su primera edición.

Pero quizás uno de los logros más importantes de su historia, sus quince minutos de fama, se produjo en 1995 cuando una estrella del fútbol mundial lo eligió como el club donde pensaba retirarse. No estamos hablando de ningún jugador chileno, sino del mismísimo Mario Alberto Kempes. El matador, goleador argentino en la repudiable y sospechosa, pero no por eso menos alegre hazaña del 78, jugó en este club a la edad de cuarenta y un años, luego de haberse retirado en el Valencia, haber hecho una escuelita de fútbol y haber jugado a un deporte precursor del showball, llamado fútbol 5. Algunas crónicas de la época afirman que éste no fue su último club, sino el Pelita Hyatt (o Jaya) de Indonesia llamado por Wikipedia Petaling Jaya (?), fiel a su estilo erróneo, donde en 1996 salió campeón como jugador y técnico a la vez. Pero ése es motivo para otra historia.

Algunos registros de su paso por el sur chileno cuentan que hizo cinco goles en once encuentros jugados, manteniendo una muy buena marca goleadora para su edad —incluso más que el máximo que recomiendan los médicos de PAMI—.

El orgullo fue para todo el pueblo chileno. Tal es así, que el periódico *El Mercurio* (21/12/2010), al conocerse que el estadio Chateau Carreras de Córdoba llevaría el nombre de El Matador, tituló una nota con visible suspicacia: "Estadio de Argentina llevará el nombre de ex volante de Arturo Fernández Vial".

30. ¿DE QUÉ ESTÁS HABLANDO, KIMBERLEY?

Pocos equipos han llegado a jugar un Mundial. Nos referimos al Mundial con mayúscula, no a ese aburrido mundial de clubes que se juega hoy en día, que no es más que la misma final intercontinental de siempre pero atravesada todavía más por el vil metal, actualmente con los petrodólares como protagonistas, dejando en el pasado a los tecnoyenes.

Hablamos del mundial de selecciones, ese que se juega cada cuatro años y que logra que tu abuela hable del *offside* u opine sobre el 4-4-2. Decíamos que pocos equipos han jugado un mundial. Bah, en verdad, ninguno. No, mentira, uno: Kimberley de Mar del Plata (Cabe aclarar que el IFK Malmo de Suecia también jugó un mundial pero, para realzar la historia, este dato será ignorado hasta finalizar el relato por nosotros y por los lectores).

Cuando nació, en 1921, este club nunca imaginó que llegaría a semejante proeza. De hecho, los mundiales todavía no se habían inventado. Su nombre homenajea a una ciudad de Sudáfrica y no a la hermana de Arnold, como la mayoría cree.

Kimberley, más conocida como "La Ciudad de los Diamantes" fue el bunker de la selección uruguaya en el mundial de Sudáfrica. Y desde allí viene el nombre de este diamante marplatense.

La esencia de un club, como bien se sabe, no son los jugadores, ni los técnicos, ni los dirigentes. Tampoco, como creen algunos, son los hinchas. La esencia de un club son sus colores, más precisamente su camiseta. "El distintivo es verde y blanco..." dice la marcha del club y fueron esos colores, esa camiseta, los que jugaron un mundial.

Ocurrió en 1978. Francia y Hungría debían jugar, en Mar del Plata, su último partido en la zona que compartían con Argentina e Italia, quienes definían en Buenos Aires el primer puesto del grupo. Ambas selecciones se despedirían del mundial, mientras que Italia mandaría a Argentina a jugar a Rosario a la zona de Brasil, Polonia y Perú. La historia es conocida.

Pero el tema es que como en esa época la televisación era todavía principalmente en blanco y negro, la camiseta roja de Hungría y la azul de Francia entraban en la categoría gris oscuro. Por lo que se les avisó a los equipos que debían cambiar sus camisetas. Y lo decimos en plural porque, aparentemente, se les dio la misma indicación a los dos.

Lo cierto es que al momento de salir a la cancha, los dos equipos estaban vestidos con sus respectivas camisetas blancas suplentes. Creemos que lo hicieron para ver si se suspendía el partido (ambos equipos estaban ya eliminados) y se podían ir al Casino. Pero el partido debía jugarse.

La decisión, tal vez considerada improvisada por algunos puristas, fue ir a buscar un juego de camisetas lo más cerca posible. Así fue que desde el Minella se hicieron una escapada hasta la casa del Dragón y se trajeron un juego de verdiblancas.

Francia, vestido de Kimberley, derrotó por 3 a 1 a Hungría, con lo cual este humilde club marplatense, que milita en las categorías del ascenso, no sólo jugó un mundial, sino que también ganó el único partido que disputó.

Aclaración final (ya leída la historia): En 1958, en el mundial disputado en Suecia, el local IFK Malmo, club que actualmente juega en la tercera categoría pero que llegó a ser subcampeón nacional en 1960, le prestó su camiseta a la selección argentina en su partido frente a Alemania Occidental. Argentina empezó ganando con un gol de Corbatta a los dos minutos de juego y parecía que los suecos igualarían el récord del Kimberley (incluso antes de que tal récord se estableciese). Pero los germanos se lo dieron vuelta por 3 a 1, por lo cual el club de la ciudad de Malmo quedó un escalón debajo de Kimberley en el ranking de clubes que jugaron mundiales. Por eso, a partir de ahora, la anécdota del IFK Malmo 58 será nuevamente ignorada, por nosotros y por los lectores, pero ahora sí, para nunca más volver a ser nombrada.

31. EL MEJOR EQUIPO DE LA HISTORIA

Hay equipos que ya no están. Hay equipos que duraron poco. Hay selecciones de países raros o no reconocidos. Pero esta historia lo supera todo. Estamos hablando de un equipo que ya no está, que duró poco, y que fue una selección con gloria. Pero hay algo más: se trata de una de las pocas —si no la única— selección que no fue de ningún país ni nación. Estamos hablando de la selección de la Cruz Roja. Pero no sólo eso: la selección de la Cruz Roja paraguaya.

Puede decirse que se trata del mejor equipo de fútbol de la historia. Pero en el sentido de su bondad, por ser de la Cruz Roja. Cabe preguntarnos un poco más sobre este caso: ¿se trata de algún partido solidario que se organizó con actores paraguayos y para el cual se hizo una camiseta especial? Un poco más que eso: se trata de un equipo con futbolistas profesionales, que disputó varios partidos, con una buena cosecha de victorias (y seguramente alimentos no perecederos).

En 1932 comenzó la mal llamada Guerra del Chaco, que hasta 1935 enfrentó a Paraguay con Bolivia. La disputa se debió a un diferendo fronterizo, justamente respecto de la posesión de parte de la región conocida como Chaco Boreal. Fue una guerra que provocó cerca de cien mil bajas y que trajo la crisis a estos dos empobrecidos países.

En este contexto, se creó en 1933 una selección de fútbol de la Cruz Roja paraguaya, que salió de gira para recaudar fondos; uno de los pocos casos de un equipo generado para un fin concreto pero, como ya lo veremos, en dos momentos históricos distintos.

El fútbol local se había suspendido. El último torneo, disputado con la guerra comenzada y bien llamado "Torneo Pro Hospital del Chaco", fue disputado por sólo ocho equipos. Cerro Porteño y Sol de América empataron en puntos, por lo que se debió jugar un partido desempate. Tan poco interesaba el torneo local y tan cruda venía siendo la guerra, que en el partido desempate, empataron, y a nadie le importó cómo resolver la cuestión.

Luego de este decaimiento del fútbol, por idea del presidente de la Cruz Roja, se convocan a jugadores para esta nueva selección, que sale de gira por Uruguay y Argentina para recaudar fondos. Pero no todo es dinero en la vida. También importa el éxito. La selección jugó 26 partidos y perdió sólo 7. La casaca era blanca con una cruz roja en el medio. Increíble.

Este equipo fue integrado por grandes futbolistas paraguayos, muchos de los cuales lucharon en el frente, antes o después de integrar la selección. No sabemos si en su habitual forma defensiva. Tampoco sabemos si en una disputa por territorio se toma al terreno como local o como visitante, para inferir la posible táctica.

Uno de los seleccionados que se salvó por tener sólo diecisiete años fue el gran Arsenio Erico. Al año siguiente, ya en edad para luchar, se produjo una nueva gira de la Cruz Roja por Argentina. Impactó tanto por sus goles, que muchos clubes le echaron el ojo. Independiente fue más rápido y se lo quedó. Se logró una autorización para que no lo llamaran a pelear y así comenzó Erico su exitosa carrera en el fútbol argentino.

Cabe hacer un paréntesis () para mencionar que también integró la selección de la Cruz Roja un primo de Arsenio, Rafael. Esto nos lleva a mencionar que el club que vio nacer a Arsenio —el Nacional de Paraguay— es un caso único en el mundo, ya que por sus planteles pasaron quince miembros de la familia Erico. Otro récord aparece en el campeonato conseguido por Nacional en 1909, en el cual jugaron cuatro hermanos Erico (el padre y tres tíos de Arsenio). Tres de ellos repitieron el campeonato dos años más tarde, sin perder un solo partido.

Volviendo a la selección de la Cruz Roja, integró también ese equipo José de la Cruz Franco, "El Elocuente". No sólo por lo de Cruz, sino también por lo de Franco, que además era el apellido de quien fue presidente del Paraguay terminada la guerra, y que tendrá que ver con la segunda etapa de la selección cruzrojina. El nombre completo del presidente era Rafael de la Cruz Franco, pero no alcanzamos a entender si eran parientes o tocayos.

En 1947 Rafael Franco lidera una rebelión contra el presidente Morínigo, originándose así una nueva guerra: la Guerra Civil Paraguaya. Una vez más fue convocada la selección de la Cruz Roja, 14 años después, para jugar su segundo "campeonato", el más importante: el de la vida (igual que el primero, en realidad). Ésta fue sin dudas su mejor campaña, ya que de 13 partidos jugados en Formosa, Chaco y Corrientes, no perdieron ninguno.

Así, la Cruz Roja tuvo su selección, y la tuvo en Paraguay. Fue una selección que jugó "cada muerte masiva de compatriotas". Los argentinos la tuvimos de visita. Y jugaba allí el mejor jugador paraguayo de todos los tiempos: Arsenio Erico, que gracias a esto fue visto por Independiente y aún el fútbol argentino tiene en él a su máximo goleador histórico. Este equipo no sólo recaudó fondos, sino alegrías para la posteridad. Erico nunca jugó para la selección paraguaya, por quedar inhabilitado al jugar en Argentina. Quienes sabemos leer la historia, hoy sabemos que no jugó para Paraguay por jugar para la selección de la Cruz Roja, por respeto, y por ser ésta la que lo llevó a Argentina. Esto es lo que se conoce como "el mal llamado complejo de Erico". Y aunque aún se menciona el dato de que Erico nunca jugó para su país, que nunca vistió la albirroja, quienes sabemos leer la historia, sabemos que no fue así.

El hermano del director técnico Yüksel Yesilova
en pleno acto fraternal.

La alegría en la hinchada no se apaga
ni ante la falta de rima en su himno.

32. PIERDO, LUEGO EXISTO

Que al fútbol se juega para ganar es un error. Al fútbol se juega para jugar. Eso sí, siempre se intenta ganar. Bueno, casi siempre.

El lema del Ibis Sport Club, club del estado de Pernambuco, Brasil, dice "Lo importante no es competir, sino existir". Este club nació un 15 de noviembre de 1938 y también es conocido como Pássaro Preto, debido al ibis, un ave de cuello largo y pico curvo que, si bien no es negro, adorna el escudo y da nombre al club. Dice el saber popular que este ave es el último animal que se refugia antes de una tormenta y el primero en reaparecer luego del paso del temporal. Era conocida ya por los antiguos egipcios ya que Tot, dios de la sabiduría, tenía cabeza de ibis[1].

Históricamente, el Ibis se ha encontrado más veces cara a cara con la derrota que con la victoria. Esto fue *in crescendo* hasta que entre 1978 y 1979, luego de una racha "invicta" de veintitrés partidos que incluyó nueve caídas consecutivas, su derrotero (nunca esta palabra tuvo un uso tan preciso) comenzó a tomar notoriedad a nivel nacional.

El 20 de julio de 1980 es una fecha histórica, casi fundacional para el club. Ese día el Pájaro Negro le gana a Ferroviario por 1 a 0. A partir de entonces comienza la mayor racha negativa de la historia del fútbol mundial. Recién volvería a saborear las mieles del triunfo el 17 de junio de 1984, tres años y once meses después. 55 partidos pasaron, 48 derrotas y 7 empates, 25 goles a favor y 231 en contra. Su fama trascendió fronteras, se expandió por todas las latitudes y así nació "El peor equipo del mundo".

Ser el más destacado en algo a nivel mundial no es poco, aunque la categoría sea "peores equipos del mundo". No importa, el Ibis es el "más peor de todos" y eso lo hizo recorrer el mundo (virtual) hasta llegar a estas páginas.

Nunca se sabrá si el masoquismo que profesa este club, vanagloriándose de sus récords negativos (que lo llevaron también al libro Guiness) era previo o fue un ejemplo paradigmático de cómo convertir las debilidades en fortalezas, como explicaría cualquier libro de autoayuda[2]. Incluso el máximo ídolo del rojinegro no es Vavá, quien jugó en el club en 1948 y fue luego bicampeón mundial en 1958 y 1962, sino Mauro Shampoo, quien vistió por diez años la emblemática camiseta número diez del club, convirtiendo... ¡un solo gol! Esperemos que no haya sido justo ante un ex club y haya podido gritarlo. Actualmente pasa sus días al frente de una peluquería en Pernambuco.

Así es: Brasil, la mayor potencia futbolística del mundo, la que somete a todos, se pasea frente a todos con traje de cuero, llevando con una correa al entrañable Ibis, que lo mira desde abajo, en cuatro patas y también a todo cuero, diciendo "ganame que me gusta".

[1] Es de destacar que esta cualidad física le valió las cargadas del resto de los

dioses que le decían "eh, cabeza de ibis".

2 Se recomienda leer el libro del filósofo especialista en fútbol y afines, José Ortega y Garcé, "Más allá de Niell y de Aimar", donde desarrolla, a modo de ejemplo, el porqué del éxito de ambos futbolistas, dos pequeñitos que han sabido triunfar en tierra de gigantes. El libro se hizo conocido gracias a la famosa frase: "Lo que no te empata, te hace más fuerte".

33. ATRÉVASE A SOÑAR

Hay una frase popular en España que dice: "Tienes más moral que el Alcoyano" (Tens més moral que l'Alcoyano, en dialecto local). Quien sea destinatario de dicha afirmación, realmente puede alardear de su espíritu. Sin embargo, conociendo al Club Deportivo Alcoyano, creo que la frase alude, en verdad, a un imposible, a un sueño. Y "los sueños, sueños son..." dice Calderón de la Barça ("Caldera" para los futboleros); "...pero a veces se hacen realidad", le responde Berugo Carámbula, creador de la frase "Alcoyano-Alcoyano".

El Club Deportivo Alcoyano es oriundo de la ciudad de Alcoy, provincia de Alicante, y pertenece a la Comunidad Valenciana, uno de los tantos países que integran España. Fue fundado en 1928 y en 2011, con ochenta y tres años, retornó después de muchos años a la segunda división española.

Sus años de gloria, como los de tantas personas nostálgicas, fueron durante su juventud. La década del 40, al igual que para el tango, fue su época dorada. Gana la Tercera División en la temporada 1941/42 y sube a Segunda, comenzando su tobogán ascendente que lo llevará a jugar la primera división en el 45/46. Es verdad que por ese entonces más que tobogán era un sube y baja pero fue en la liga 1947/48 donde alcanzó el punto más alto en su ascendente carrera.

Ese año no sólo obtendría la mejor ubicación de su historia, sino que tendría además el detalle de terminar por encima del Real Madrid. Y con encima no queremos decir más arriba sino exactamente encima, sobre, pisándole la cabeza al Equipo del Rey.

Sobre catorce equipos, este ascensor español, una especie de Platense valenciano (vendría a ser un calamar valenciano, con lo que seguramente terminaría en una paella), finalizó en la 10ma posición, esquivando holgadamente el descenso que correspondía al 13ro y al 14to.

Con veintitrés puntos se apoyó en la tabla de posiciones sobre el equipo de Santiago Bernabeu, presidente de la institución merengue en esos años que, con sólo veintidós, ostentó una pobre 11ra colocación.

Luego siguió yendo y viniendo, hasta que en 1951 se fue para no volver más.

Nunca se destacó en una Copa del Rey e incluso corrió riesgo de desaparecer por problemas económicos. Pero el logro más importante de este equipo no es haberle pisado la cabeza al Real en su propia casa (la Primera División), sino haber dejado su nombre grabado en el lenguaje popular.

Y el saber popular no miente. Bueno, en general sí pero es políticamente correcto decir lo contrario. Sin embargo, en este caso, vox populi es vox dei. El Alcoyano se ganó su fama en la cancha, en el verde césped (por ese entonces, la marrón tierra), a fuerza de actitud, amor propio y un poco de negación de la realidad. Cuando se iban al descenso, eran los últimos en enterarse; ellos seguían diciendo "vamos que se puede" mientras ya el sorteo del fixture los incluía en su nueva categoría.

Cuenta la leyenda que durante sus años dorados, hubo un partido que fue el súmmum de la moral, el punto más alto de su actitud y que los depositó para siempre en la historia. Ese día, hace ya muchos años (y en una galaxia muy lejana), nuestro pequeño gigante era goleado sin miramientos a escasos minutos del final del partido. El árbitro se apiadó del Alcoyano y decidió terminar el encuentro antes de lo previsto. Cuentan quienes estuvieron ese día en la cancha que el enojo de nuestros muchachos fue terrible, casi desconsuelo. Y no era por la derrota ni para descargar su bronca con el referí. Era porque realmente creían que todavía se podía, desafiando las más elementales leyes de la física. A partir de ese día, su nombre definitivamente se marcó a fuego en el lenguaje popular.

Para sus bodas de oro, en 1979, Armando Santacreu compuso la letra de su himno, "La moral del Alcoyano", que dice:

"Así se gana un partido, jugando al fútbol total
Logrando fama y renombre, por furia, garra y moral
La moral del Alcoyano es famosa en toda España
Por experto y veterano, siempre hará buena campaña".

Y así, con estas rimas, nos despedimos y despedimos a este pequeño gigante. Para los que dicen que los que no ganan no son recordados, qué mayor posteridad que pasar a formar parte de una frase popular.

34. TÓCALA DE PRIMERA, SAM

Casablanca, la ciudad más importante de Marruecos. Casablanca, la ciudad donde no se filmó Casablanca, la mítica película de Humphrey Bogart e Ingrid Bergman que transcurre en Casablanca. Casablanca, la ciudad donde nació (y vive actualmente) el también mítico Rajá Club Athletic, fundado en 1949, pocos años después de que el avión partiera separando para siempre a Ilsa y Rick.

Fundado por un grupo de sindicalistas locales, este club nació como parte de la resistencia marroquí en los últimos años de ocupación francesa. Fue unos años más tarde, con la llegada del Padre Jego, que empezó a tomar forma lo que hoy en día es, al igual que el Barcelona, "más que un club". Fue este hombre quien comenzó a darle al Rajá la impronta del juego colectivo, asociado y bonito que llevan los Diablos Verdes como marca registrada. Esto, que finalmente lo llevaría a ser el equipo más popular de Marruecos, en principio no fue acompañado por los resultados. Recién en 1988 ganaría por primera vez la liga, siendo campeón de toda África al año siguiente y dando comienzo a una seguidilla que lo llevaría también a ser el más ganador del país. A fines de los 90 llegó a ganar seis ligas locales en forma consecutiva y dos Copas de África más, hecho que conduciría al Rajá a codearse con los grandes del mundo.

Como decíamos, entonces, ha llegado a ganar varias veces la liga local, la Copa del Trono, incluso la Champions africana y hasta la Champions árabe. Y todo esto manteniendo siempre una escuela de juego, una identidad. Pero no se es grande en serio hasta medirse con los grandes del mundo. Y hacia dicha empresa marcharon los Diablos Verdes en el año 2000, luego de obtener su tercera Champions africana.

El primer mundial de Clubes se jugó ese año en Brasil, casi como un experimento. De hecho fue ganada por el Corinthians, equipo invitado pese a no haber ganado nunca una Copa ·Libertadores.

Justamente, el grupo A reunía al San Lorenzo paulista, al Al-Nasr de Arabia, al Real Madrid y al Rajá Casablanca, nuestro pequeño gigante, quien empezó perdiendo con el local por 2 a 0, como una forma de protesta ante lo que era un convidado de piedra, un invitado sin pergaminos como para estar en ese lugar.

Luego cayó nuevamente ante el campeón de Asia, en lo que fue un partidazo en el que los árabes se ponían en ventaja y los verdes (también árabes, a decir verdad) se lo empataban. Así sucesivamente hasta que el árbitro neocelandés Derek Rugg, temiendo que la historia se repitiera hasta el infinito, lo dio por terminado con un 4-3 para el Al-Nasr.

Y llegó el día esperado, el choque con el Real Madrid, por ese entonces el equipo de Raúl, Hierro, Roberto Carlos, Casillas, Guti y otros.

Luego de reventar el travesaño con un tiro de media distancia, el Rajá se puso en ventaja con un cabezazo de Achami. Y a partir de ese momento, empezó el toqueteo marroquí, el "ole" de la torcida brasilera y los blancos corriendo detrás de la pelota como un equipo de chicos de jardín de infantes.

El Real quiere reaccionar. Morientes y el palo que le dice que no. Empieza el segundo tiempo y Hierro, de tiro libre, pone las cosas en su lugar. ¿Se cae el equipo del continente negro? Parece que sí. El "Moro" Morientes reniega de sus orígenes y el palo que le dice que sí. A decir verdad el palo no le dice nada ya que la pelota llega sin interrupciones a su encuentro fecundo con la red. Ahora sí se caen.

Pero las Águilas no iban a abandonar así nomás la tradición que les da esencia (y por ende, existencia; o al revés, para los existencialistas). Con gol de su número diez, Moustaodia, empata el encuentro y da comienzo a un nuevo (viejo) partido. Otra vez el toque verde y los nervios blancos, que debían ganar primero, y por varios goles después, para acceder a la final.

Roberto Carlos agrede a un jugador que hace jueguitos con el juego ya detenido. Éste cae. Guti lo patea en el suelo. Aquel se levanta y lo escupe. Y Horacio Elizondo, anticipando lo que sería años más tarde la expulsión a Zidane por su famoso cabezazo, los echa a los tres. Un glorioso dos por uno, pensarían los vivos del fútbol. No es ésa la esencia (o la existencia) del Rajá.

El Real queda groggy. El Rajá, como Ringo Bonavena a Muhamad Alí, lo tiene knock out. Un jugador árabe pica al vacío, elude a Casillas, queda solo frente al arco… y el palo (¡el mismo de antes!) que le dice que no. Minutos más tarde, contraataque verde. El Real regalado, tres que atacan contra dos que defienden. Y la caprichosa que se va rozando el palo, el otro, el mudo.

Dicen que el tren pasa solamente una vez, principalmente cuando hay huelga de ferroviarios. Y cuando el tren pegaba la vuelta, Geremi, el rústico ocho madrilista nacido en Camerún, aprovechó un remolino en el área, se subió al último vagón y mandó al equipo africano a llorarle al Padre Jego.

No pudo ser. Ni para el Rajá ni para el Madrid que, de todas maneras, quedó eliminado.

Sin embargo, el que se fue aplaudido por el público brasileño, conocedor del juego bonito, fue el equipo de Marruecos, el equipo del Padre Jego.

35. RAPA NUI KIDS AND THE BLOCKS

En la Isla de Pascua las cosas no son fáciles. Todo está lejos y las condiciones de vida son arduas. En conflicto permanente con un Estado chileno que no respeta las tierras sagradas, pareciera que los rapa nui (así se denomina a sus nativos) tienen demasiadas cosas por las que preocuparse como para hacerlo por el fútbol. Y, sin embargo, el fútbol está y llegó, como a tantos parajes alejados e inhóspitos, de la mano de paternales y despojadores colonizadores británicos. A partir de allí, a pesar de la falta de recursos, el fútbol se convirtió en una pasión; y como toda nación independiente, más allá de su sujeción formal al Estado chileno, tiene su selección: la selección nacional de Rapa Nui.

El historial de este seleccionado es muy exiguo. Al parecer, las distancias han impedido que la selección isleña se mida frente a similares o casi similares. No obstante, las ganas de llevar a cabo históricos partidos intrascendentes pudieron más. Y así es como encontramos sus dos primeros cotejos, ambos contra la selección de Juan Fernández (del archipiélago, no del lateral que jugaba en San Lorenzo). Allí donde famosos idolatrados en el continente como el presentador televisivo Felipe Camiroaga no pudieron, literalmente, hacer pie y fallecieron, la selección de Rapa Nui sentó bandera. Frente a sus archi(piélago)enemigos, y como visitante, los Rapa Nui vencieron por un frenético 5 a 3 en septiembre del 96.

Los juanfernandenses pidieron revancha, en parte para conocer Isla de Pascua que según habían oído era "re lindo". Lo que nunca imaginaron es que durante los 90 minutos del partido de vuelta, la Isla de Pascua dejaría de llamarse así momentáneamente para adoptar el sobrenombre de "Isla de las goleadas escandalosas". Los Rapa Nui destrozaron a los de "Juanfe" por un escalofriante 16 a 0.

Vale aclarar que aún persisten muchas dudas sobre la veracidad de estos resultados. De hecho, los mismos Rapa Nui los niegan. Pero quizás se trata de una especie de falsa modestia del orden de "Nah, dejá, no valió, después hacemos otro" típica de los pueblos originarios de la Polinesia.

Después de estas primeras y dudosas experiencias, la selección de Rapa Nui vivió en el ostracismo absoluto hasta el año 2009. Allí, gracias a la necesidad de asentar culturalmente el poderío del Estado chileno sobre la isla, se invitó a la selección Rapa Nui a jugar la Copa Chile de ese año. Los pascuenses, deseosos de poder medirse contra equipos de fuste aceptaron, pero siempre y cuando jugaran contra Colo Colo y no contra Quesos Kümey, por ejemplo.

El 5 de agosto de 2009, en el estadio Hanga Roa, se desarrolló el llamado "Partido del siglo en Rapa Nui", lo cual no quería decir mucho teniendo en cuenta que la selección no había jugado ningún partido oficial hasta entonces. A pesar del *haka* inicial de los Rapa Nui, la diferencia de jerarquía se hizo sentir, especialmente en los pequeños detalles. Los colocolinos no se quedaban parados como moáis en los córners, trataban de pasarle el balón a los compañeros, etcétera. Fue goleada para los albos 4 a 0.

La gira inolvidable

Pero, como buenos habitantes de Pascua, pusieron huevo. Y se recompusieron de esa derrota con una paradisíaca gira a uno de los más poderosos países polinésicos: Tahití. Lamentablemente, como no era Fecha FIFA, la selección local no pudo comparecer con todas sus estrellas que juegan en Europa y sólo presentó una selección sub-20.

La gira constó de tres partidos muy vibrantes, incluso para personas acostumbradas a vivir en zonas sísmicas. En la primera fecha vencieron 4 a 3 al AS Tefana, a pesar de que el nombre del rival hacía prever un arbitraje poco imparcial. Luego aniquilaron 4 a 2 a Wan Dragon, otro equipo de la liga de Tahití. Se intentó una revancha para hacer un "doble dragon" pero los tahitianos se negaron. En el encuentro final, y en otro partido loco, derrotaron 4 a 3 a la selección sub-20 de Tahití (la única selección polinésica en ingresar a un mundial FIFA). Tres de tres: como dirían los ancestros: "Clink caja".

Ahora, ¿de dónde se eligen a los jugadores para la selección? No es fácil para el director técnico. La liga de fútbol de Rapa Nui consta de algunos equipos que aparecen y desaparecen. Sin embargo, bien vale mencionar algunos que tienen nombres divertidos. Entre paréntesis su traducción al castellano: Hanga Roa (Bahía Larga), Moe Roa (Sueño Largo), Hoe Vaka (Remar en Canoa), Tara Ra Ina (Donde Hay Cachos), Koro Nui (Viejos Grandes), Nuku Nuku (Florecimiento), Aku Aku (Espíritu), Poki Vaka (Niños del Mar), Hospital (integrado por los constructores del Hospital Hanga Roa).

Pero no sólo los equipos tienen poca persistencia: las ligas también. De hecho hasta ahora sólo se reconocen dos: una jugada en el 99, ganada por Okamiro y otra en 2004, ganada por Moe Roa. No tenemos explicación sobre por qué ha sucedido de esta manera, pero sí tenemos varias hipótesis: a) no se jugaron más campeonatos; b) se jugaron pero nadie recuerda quién fue el campeón; c) no se terminaron; d) cada campeonato dura cinco años; e) es considerado mala suerte jugar más de dos torneos en un mismo lugar.

Si tenemos que hablar de grandes figuras históricas de la selección y de la isla en general, la verdad es que cuesta. No obstante, siempre hay mitos dando vueltas. Uno de ellos menciona a un tal Pedro Ernesto Avaka Riroroko, más conocido como "Petero", un delantero picante de los setenta que hizo gozar a grandes y chicos. Todos decían que era una especie de Maradona pascuense y, por eso, un buen día "Petero" decidió probar suerte en el continente. Lamentablemente, tanto Colo Colo como Deportes Concepción y Fernández Vial lo rechazaron por problemas económicos. "Petero" se arrodilló ante la adversidad y volvió a su Isla de Pascua natal, donde si bien lo acusaron de llenarse la boca (hablando de lo bien que le iba a ir en Chile) lo recibieron nuevamente sin problemas.

Las últimas noticias (al momento de escribir estas líneas) de esta selección hablan de una victoria más. Esta vez fue 7 a 1 frente a la dotación del crucero Esmeralda que va desde la Polinesia oceánica hasta la isla llevando todo tipo de productos. Luego de la victoria y el típico cantito de "la tripulación/ la tripulación/ se va a la puta que lo parió", la selección de Rapa Nui se prepara para nuevos desafíos. Para ello está preparando una cancha de pasto sintético y la afiliación de sus equipos a la liga de fútbol amateur chileno. Así que no se asombren si ven dentro de muy poco a Messi gambeteando entre gigantes de piedra. Y además esquivando también a los moáis, ¿por qué no?

36. MARACANAZO A LA LUZ DE LAS VELAS

El Esporte Clube Santo André es, por esas casualidades del destino, un club de la ciudad de Santo André. Santo André es una ciudad que pertenece al Estado de San Pablo. Y San Pablo es uno de los estados que conforman el Brasil. Este esclarecedor *zoom-out* nos permite ubicarnos geográficamente para empezar a contar la historia de esta cenicienta del fútbol brasileño. Y nos permite estirar la poco creativa introducción.

El Santo André fue fundado un 18 de septiembre de 1967. Según cuenta la historia oficial, era una noche lluviosa y, durante la asamblea que marcaría la aparición de este pequeño gigante, se cortó la luz. Así, a la luz de las velas, nació el Santo André.

Actualmente, y recién descendido, juega en el Brasileirao C. Pero su historia grande se remite al año 2004.

Ese año comenzó con la obtención de la Copa del Estado de San Pablo, lo que le otorgó la clasificación para disputar la Copa de Brasil. Recordemos que hasta ese momento su mayor logro había sido ganar el torneo de segunda paulista, llamada por los amantes de los eufemismos A-2; para nosotros, la B de San Pablo.

La primera fase aparecía en el horizonte y el Nuevo Horizonte de Goiania era su primer obstáculo. Con un 5 a 0, el Ramalhão (apodo de nuestro pequeño gigante) aclaró que estaba para otra cosa, no sólo para permanecer y transcurrir la copa.

La segunda fase ya era ida y vuelta y arrancó de local con un sorprendente 3 a 0 al Atlético Mineiro. La revancha era en Belo Horizonte y ahí ya asomó la tónica de lo que sería el desarrollo de su paso por este torneo. Si hubiera ganado 3 a 0 otra vez, uno diría que era un equipo serio. Y seguramente se habría caído. Pero no, perdió 2 a 0 y pasó con lo justo, como corresponde a una gesta como la que estaba por realizar.

La tercera fase la jugó primero en condición de visitante, trayéndose el famoso "puntito valioso" que si se pierde en la revancha pasa a ser el famoso "punto de mierda". El resultado fue 1 a 1, así que también se trajo el famoso "golcito de visitante que vale doble". Y valió doble nomás, porque de local empató 0 a 0 con el Guaraní y, de golpe, su nombre empezó a aparecer en los diarios y las botineras paulistas comenzaron a oler sangre en los entrenamientos del equipo del ABC[1]. Todavía era una simpática sorpresa para los grandes, el paso previo al odio de cuando la sorpresa se convierte en amenaza.

Se dice, *off the record*, que la verdadera Copa de Brasil empieza en cuartos. Bah, nosotros nunca lo escuchamos pero la realidad es que nunca hablamos *off the record* de dicha copa. En verdad tampoco hablamos jamás *on the record* de la copa. Hasta hoy.

Lo cierto es que en cuartos de final apareció el Palmeiras, un grande en serio. La ida fue de local y el resultado, un espectacular 3 a 3. Impresionante. Todo hacía suponer que ese era el punto más alto de una más que digna participación. Ilusos.

El Parque Antártica es un importante generador del, negado por los futbolistas, "pánico escénico", salvo para Riquelme que se cansó de pisarles la pelota en la semifinal de la Copa Libertadores del año 2000. Arrancó ganando el Santo. Rápidamente se lo dieron vuelta, con un alevoso gol con la mano. A fuerza de centros, empató 2 a 2. Y otra vez abajo 3 a 2.

Se larga el segundo tiempo y 4 a 2, en evidente off side. Se terminaba todo.

Llega el descuento, 4 a 3. Y en el minuto cuarenta y cuatro, a la carga Barracas, todos al área. Centro. Y sí, otro cabezazo al fondo de la red. Como dice el dicho, cuatro cabezazos en el área, son cuatro goles. Locura total.

Después de semejante partido, tenía que venir el bajón. Era lógico. Encima llegaba a casa el 15 de Novembro, otro pequeño gigante integrante de este libro, pero que para los que sólo ven la superficie de las cosas, es un equipito. Otra lluvia de goles. Pero esta vez fue 4 a 3 para el visitante.

La verdad quedarse en semifinales ante un no-grande después de tanto esfuerzo no merece entrar en un libro. Eso lo tenía claro ese grupo y por eso lo dio vuelta con un 3 a 1. Fiel a su estilo, con un solo gol de diferencia.

Bueno, impresionante hasta acá. Llegaba la final contra Flamengo, el más grande de Brasil. El sorteo decidió que se definía en el Maracaná. Hasta allí tenía que ir el pequeño Santo André. La diferencia había que hacerla en casa.

El primer partido nuevamente tuvo varios goles. Pero no se

sacaron ventajas: 2 a 2. Casi un triunfo para el Fla que con un 0 a 0 o un 1 a 1 era campeón.

El 30 de junio en el Maracaná había setenta mil personas. Maracanazo hubo uno solo, está claro, si bien no lo entienden así los periodistas deportivos con poca imaginación para los titulares. Pero lo que hizo el Santo André ese día fue realmente un pequeño Maracanazo.

Con goles de Sandro y Elvis, el Ramalhão hizo bailar al puñado de seguidores que viajaron hasta allí e hizo llorar a los sesenta y nueve mil novecientos flamenguistas que pensaban que con la historia y la camiseta alcanzarían.

Por ese día, los grandes reflectores apuntaron hacia el equipo nacido a la luz de las velas.

[1] Región que debe su nombre a tres municipios: Santo André, San Bernardo y San Caetano.

37. EL DIARIO DEL CHE MITAÍ

Hay quienes se atienen a las reglas, y quienes tienen un espíritu libre. Estos últimos son sometidos por los primeros, que generalmente tienen el poder, y no perdonan a los más desordenados el hecho de que se permitan vivir la vida con todo. Como el fútbol es como la vida, y los equipos son como personas, esta historia es sobre un equipo con alma de aventurero, que decidió irse a recorrer América Latina al mejor estilo Che Guevara o estudiante de la "facu" de "filo" de "Baires".

Todos conocemos las pretemporadas y las giras de amistosos. Un mes en Tandil, dos semanas jugando contra equipos de Europa. Pero pocos se animaron a lo que se animó un equipo paraguayo: irse en una complejísima travesía por más de un año. Esta proeza se la debemos al Atlético Corrales, quien seguramente intentó reavivar el sueño bolivariano de la Gran América, borrar fronteras y hermanar a los pueblos bajo el lenguaje universal del fútbol, el lenguaje universal del amor y el lenguaje universal del guaraní.

Fundado en 1919 por empleados de la empresa Compañía Americana de Luz y Tracción, comenzó a participar del fútbol paraguayo como Sport Mecánico y luego como CALT (por sus siglas en español). En 1929 ganó el Torneo Intermedia, pero no se lo reconocieron por no poseer cancha. Recién a partir de 1930 pudo jugar en la liga. Pero desde 1936 una concatenación de aconcatecimientos cambiarían su mentalidad empresaria burguesa para siempre. La organización de la Liga Paraguaya de Fútbol sugirió que cambiaran su nombre, pues ningún equipo debía ser propagandístico de una empresa. A partir de allí se llamaron Atlético Corrales, en homenaje a una batalla de la Guerra del Chaco ocurrida en 1933. Desde ese momento todo fue éxito. En 1936 fueron el único equipo que le ganó al luego campeón Olimpia. En 1937 salieron terceros. En 1938, quintos. ¿Y en 1939?

En 1939 ocurre lo inesperado. Harto de la fama y el éxito, el Corrales decide ir en búsqueda del yo interior y de lo esencial. El 4 de abril de ese año se embarca en una gira latinoamericana como no había existido hasta el momento, y como nunca volvió ni volverá a existir.

Partieron en barco hasta Buenos Aires. Allí siguieron en tren hasta Mendoza, donde enfrentaron a la selección provincial, doblegándola por 4 a 2. Luego, en la revancha, fueron triplegados, perdiendo por 6 a 2.

De allí cruzaron la cordillera hasta Valparaiso, en Chile, donde enfrentaron al Santiago Wanderers, ganándole por 5 a 2. Luego viajaron a Santiago para enfrentar al Colo Colo y a una fusión extraña del Audax con el Magallanes. Ambos partidos los perdieron por 3 a 1. Volvieron a Valparaíso, donde se embarcaron (en un barco) hacia Centroamérica. Atravesaron el Canal de Panamá y llegaron a La Habana, donde trasbordaron a otra embarcación que los condujo al puerto de Veracruz, en México. Y de allí al Distrito Federal.

En tierras aztecas enfrentaron al América, con quien perdieron por 4 a 2. También jugaron contra un combinado de los seleccionados de España y Asturias (??), con quienes perdieron 4 a 1. Luego vendría un seleccionado Euzkadi con vascos exiliados de la Guerra Civil. El resultado: un gran empate 4 a 4. Más tarde, una victoria por 3 a 1 frente al Necaxa; una derrota por 5 a 2 frente a Asturias (a secas); y un triunfo 3 a 1 ante el Atlante. De allí se trasladaron a Cuernavaca donde enfrentaron a la selección local, ganándole por 6 a 0. Volvieron al DF y le ganaron a la selección amateur de México por 5 a 0. Luego obtuvieron una potente derrota frente a España por 10 a 3.

A continuación viajaron a El Salvador, donde empataron 0 a 0 contra Treinta y Tres, y les ganaron 3 a 0 y 4 a 3 a los combinados salvadoreños A y B respectivamente.

La travesía siguió hacia Puntarenas, en Costa Rica, y de allí a San José. En tierras ticas le ganaron al Orión (4 a 1), al Herediano (5 a 2), al Alajuelense (4 a 2) y a La Libertad (6 a 2). Sólo perdieron con Sociedad Gimnástica Española (3 a 1).

Luego se dirigieron en avión a Panamá, convirtiéndose en el primer equipo de fútbol de la historia en trasladarse por vía aérea. Allí le ganaron al Panamá XI por 9 a 3.

A continuación viajaron a Colombia. Allí jugaron muchos partidos en Barranquilla, Cali y Bogotá, algunos con información incierta. Se sabe (o se cree) que le ganaron a Juventud (4 a 0), a Español (6 a 4), a Sporting (4 a 2), y a la selección de Cuba (6 a 2 y 3 a 1 respectivamente). También empataron con Independiente de Medellín (2 a 2), y con Junior

(1 a 1). Y perdieron 3 a 2 contra Boca Juniors que andaba por allí, y contra la selección cubana (2 a 1). Luego, en Antioquia perdieron 5 a 2 con Independiente y le ganaron 3 a 2 a un seleccionado local.

Corrales navegó hasta Willemstad, capital de la isla de Curazao, donde jugaron cuatro partidos contra un seleccionado local, ganando tres (4 a 3, 2 a 0 y 3 a 2) y empatando uno (3 a 3).

El próximo tramo del viaje fue a Venezuela, donde le ganaron tres partidos a la selección de Caracas (2 a 1, 2 a 0 y 5 a 2); y 2 a 0 a Dos Caminos.

Partieron para Paramaribo, en Surinam, donde enfrentaron a la selección local y le ganaron por 2 a 1.

Desde allí viajaron ocho días en omnibus hasta Ecuador. En Quito le ganaron a la selección de Ecuador (5 a 0 y 2 a 0), a la de España (5 a 2) y a la Selección Militar (3 a 1). Empataron 1 a 1 con Sacramento y 2 a 2 con Gladiador.

Volvieron a Bogotá, donde jugaron un par de partiditos contra Atlanta, de Villa Crespo, que no sabemos por qué andaba por ahí. Uno terminó en un empate 4 a 4 y el otro lo ganaron los bohemios por 7 a 2. Y le ganaron 5 a 3 a Millonarios.

Regresaron a Asunción, llegando a la capital paraguaya un año y quince días después de la partida. Cosecharon grandes victorias, algunas contra selecciones. Y sobre todo, lo más importante, hicieron amigos y pasaron a la historia. En el camino, cual travesía de pueblo nómada, se les unieron varios jugadores, acompañando al Corrales en la verdadera empresa, la de la vida. También perdieron a varios jugadores, como es natural. Nunca falta que el elefante del circo abandone la gira y se quede a vivir en un pueblito de la provincia de Buenos Aires, o que el payaso quiera dejar la vida fácil para formar una familia al pasar por la gran ciudad. Así, mientras que reclutaron a nueve jugadores argentinos al pasar por estas tierras; a Fuentes al pasar por México; y a Ceballos al pasar por Ecuador, también tres jugadores se quedaron en Venezuela. Particular es el caso de los paraguayos Ortega y Gómez, que se unieron al grupo en Argentina y lo dejaron en Colombia.

Al volver a Paraguay, la rebeldía fue castigada. Luego de salir cuarto en el campeonato de 1940, Atlético Corrales salió último en el de 1941. Allí se efectivizó la regla que decía que el último debía descender. Fue la única vez que funcionó así entre 1930 y 1949. Justo para destruir a nuestro equipo lleno de sueños, que pagó caro las ganas de ser libre. En 1949, justamente, el Corrales no se presentó al torneo (seguro que estaba enamorado, borracho o con ganas de hacer rock and roll). Otro castigo cayó sobre la nuca de este equipo incomprendido: fue expulsado de la liga paraguaya... y desapareció para siempre.

38. AUNQUE LA FIFA NO QUIERA

La FIFA es un organismo tan odioso como la ONU, pero menos disimulado. Mientras que el mundo aparenta estar dirigido por un hombre de color como Kofi Annan y luego por un chinito como Ban Ki Moon, la FIFA directamente comanda el mundo fútbol a través de un suizo surgido de la empresa Coca Cola.

Cuando un país no es país, la FIFA no lo acepta. Esta vil postura tiene ecos en instituciones de otros ámbitos, como por ejemplo la Academia de Hollywood (apodo habitual del Racing de Hollywood) que impidió que en 2002 la película *Intervención divina* compitiese por el Oscar a la mejor película extranjera, porque para ser extranjero uno debe ser de algún país, y Palestina, el país que la presentaba, no figuraba en su lista homologada por la ONU.

¿Qué hace entonces un pueblo con sentimiento nacional cuando se le cierran las puertas de la FIFA? ¿Se llama a la castidad futbolística? ¿Se diluye en la selección de su país dominante, donde con suerte llegue a colar un jugador? No, por suerte existen alternativas, y esos pueblos pueden asociarse por ejemplo a la FIFI (Federation of International Football Independents) o a la Non-FIFA Board para disputar mundiales tales como la FIFI Wild Cup (¿Copa Salvaje Fifí?), la VIVA World Cup (¿Copa del Mundo patrocinada por Nelso' Davi' Viva'?), o la ELF (Egalité, Liberté, Fraternité) sigla que en alemán suena al número "once", aludiendo indirectamente entonces a los jugadores que integran un equipo y, algo más desconexamente, a la Plaza Miserere.

En estos mundiales, todos surgidos en la última década, algunos no-países llevan la delantera. Tal es el caso de la potente Padania, región recontrafacha del norte de Italia de perfiles apolíneos, que ha ganado las últimas tres Copas VIVA (con un jugador ex-Milan entre sus filas). Pero el primer campeón universal del an-helado trofeo ha sido Laponia, la región del norte de Escandinavia que clama por su identidad y cuya lengua nos ha legado la palabra "tundra".

Laponia batió (hizo *milkshake*) en esa primera final a Mónaco por un ajustado 21 a 1. De no haber existido un tal Artigas, quizás hoy podría existir el clásico No-FIFA entre Laponia y La Montevideana, representante de la separatista Banda Oriental. Tal partido podría disputarse en una cancha del Polo, o más bien de polo, lo cual sería ideal para que —dada la forma de los mimbres que forman el arco— los equipos pudiesen marcar un verdadero cono-gol.

Pero sin lugar a dudas, la selección más ganadora de todas es la República Turca del Norte de Chipre, Estado de facto que existe mucho más consistentemente que Laponia o que Padania, aunque sólo sea reconocido internacionalmente por Turquía... y por los enemigos de la FIFA, claro. Esta selección es la campeona vigente tanto de la Copa ELF como de la Copa Wild FIFI.

Para ser nación sin embargo no se necesita poseer un territorio.

Citaremos a continuación la solución final que encontraron dos diásporas famosas con un pasado en común —la poca simpatía de un líder totalitario alemán de la primera mitad del siglo XX— para resolver su cuestión futbolística: el pueblo judío, temiendo no poder asociarse a la FIFA, aprovechó una conjunción de hechos ajenos al deporte para establecerse en el territorio que va desde el oeste del río Jordán y del Mar Muerto hasta la costa del Mediterráneo, fundando así el Estado de Israel, donde además de morir Lavalle han surgido importantes clubes tales como Hapoel Tel Aviv, Macabi Haifa, o Náutico Hacoaj. El contraejemplo, mucho menos belicoso a fin de cuentas, ha sido el del pueblo gitano que enterado de la existencia de estos mundiales alternativos decidió formar la selección Rom, la cual casi participa de la primera Copa VIVA, pero que a último momento desistió por problemas de financiamiento.

Sí, como lo lee. Algún comprador que se avivó antes de poner el gancho de que el Ford Taunus modelo 81 con techo vinílico no tenía realmente caja de quinta, o algún otro que se dio cuenta de que la Mitsubishi Sapporo 84 tenía el piso picado y que los repuestos valían un Perú, más alguna novia cuyo padre pidió una dote superior a la del costo de un pasaje, terminaron haciendo que el chanchito se viera medio vacío y un equipo menos jugara el mundial. No poder participar del mundial convencional ni tampoco del alternativo es un verdadero problema de doble ninguneo, la nada contrapuesta a otra nada, en lugar de al ser. Nihilismo al cuadrado, con acompañamiento de cantejondo, claro.

Nadie podrá olvidar la no-participación de la selección Rom en esa primera Copa VIVA, y es que una característica del Rom es la de ser una memoria que no puede ser borrada. Si bien sus jugadores son nómades y eso podría acarrear ciertas dificultades a la hora de funcionar juntos como equipo, hay que destacar que los Rom cuando salen a la cancha juegan con el chip. Pero terminando con la sección de humor informático, menudo equipillo sería el de la selección Rom si pudieran jugar todos los gitanos futbolistas que hay desperdigados por el mundo. Grandes estrellas del fútbol europeo actual son gitanos que nunca han renegado de su origenes y han sufrido en muchos casos algún tipo de discriminación a lo largo de sus carreras: el sevillano Reyes ex jugador del Arsenal y del Atlético Madrid, Jesús Navas del mundial 2010, Andrea Pirlo, Zlatan Ibrahimovic, Mirko Vucinic (el bueno de Montenegro), el portugués Quaresma, Van der Vaart —todo un holandés errante—, el exquisito goleador checo Milan Baros... y ni hablar de las estrellas de no mucho tiempo atrás como Eric Cantoná, Boban, Savicevic, el excelso Gheorghe Hagi, Lacatus, Hristo Stoichkov o Ivanov, entre tantos otros. Vamos, que la final verdadera de un mundial de fútbol total a esta altura ya podemos saber que indudablemente debería ser un Rom versus Surinam.

Es menester decir que otros jugadores que no portan sangre gitana han demostrado una capacidad de migración que los coloca en situación de virtualmente nómades, permaneciendo hasta menos de media temporada en cada país, con especial predilección por Centroamérica, Europa del Este y el Lejano Oriente, huyendo de su equipo momentáneo ante la primera chance de transferencia posible antes de que la hinchada se canse de esperar su jugada salvadora.

Otras naciones que han disputado estas diversas preseas de la equidad y la dignidad nacional han sido combinados tales como las selecciones de Gagauzia (región separatista de Moldavia, la cual fue una región separatista de Rumania), Ambazonia (el Camerún meridional independentista) que finalmente no llegó a la cita por problemas de visas, Occitania, Provenza (estas últimas ambas responsables de la lengua de Oc, salvadora de los creadores de crucigramas desde que el mundo es mundo), el Reino de las Dos Sicilias, Gibraltar, Zanzíbar, Groenlandia, el Tíbet (cuya participación motivó el encono —es decir el enojo, no el famoso arquero de Camerún— del gobierno), Crimea —¿para cuándo una versión del Rocky ucraniano en Crimea subiendo la escalera de Odessa al trote?—, el Pueblo Arameo, o la isla de Gozo con su intención de separatismo en el pequeño archipiélago maltés.

Desde Bola Sin Manija alentamos la concreción de una selección puntana, en la que el gobierno de la provincia argentina de San Luis —un país distinto dentro de la Argentina— ofrezca al mundo la posibilidad de jugar en un distrito que le es esquivo al éxito del fútbol oficial, y donde la localía permita inscribir en la historia grande de la pelota un éxito que trascienda lo regional, para empezar a encontrar su lugar grande en el mundo.

Mientras tanto, en el resto del mundo fútbol, alguien le da una mirada al nefasto y mentiroso ranking Coca Cola de la FIFA.

39. LA CONQUISTA DE EUROPA

Pocos clubes pueden sostener una discusión con el ex arquero de Vélez y actual luchador de sumo José Luis Félix Chilavert cuando esgrime su tradicional argumento "yo le gané al Milan". Sportivo Barracas es uno de esos que puede continuar esa conversación.

Este club, nacido un 30 de octubre (fecha patria del fútbol argentino) de 1913, actualmente juega en la Primera D, no tiene estadio propio y tuvo que vender hasta su nombre. Hoy se llama Club Sportivo Barracas Bolívar y debió mudarse a dicha ciudad de la provincia de Buenos Aires tras pasar a ser gerenciado por un grupo empresario.

Sin embargo, en sus orígenes, su estadio ubicado en Iriarte 2870 era uno de los más grandes e importantes de Argentina. Allí se jugó, un 2 de octubre de 1924, un amistoso entre Argentina y el reciente campeón olímpico Uruguay en el que el argentino Cesáreo Onzari (paradójicamente nacido de parto natural) marcó el primer gol de tiro libre directo de esquina (como les gusta decirle a los relatores), a partir de entonces bautizado como "gol olímpico".

Pero el hito más grande en la historia del club fue, sin dudas, su gira europea de 1929. Fue el segundo cruce al Viejo Continente por parte de un conjunto argentino, luego de la excursión de Boca en 1925. ¿Quién diría hoy (que ni los grandes equipos de Argentina viajan a Europa a medir fuerzas con el Viejo Mundo pese al moderno invento del avión) que este humilde equipo de barrio, y por intermedio del fútbol (que ya asomaba como poderosa arma política) sería quien realizara la contraofensiva a la colonización europea?

La gira comenzó el 1 de enero de dicho año (-1 de la historia antemundialista) con una escala en Rio de Janeiro, donde el Sportivo consiguió un triunfo, un empate y dos derrotas ante diversos combinados locales.

Luego, el barco partió hacia el puerto de Lisboa: allí "despachó" a la selección olímpica portuguesa con un 3 a 2. Ya en febrero, tal vez afectados por el *boat lag*, cayeron dos veces ante el Barcelona y, luego, ante los dos equipos de la ciudad de Torino, en el punto más bajo de toda la campaña. Hasta se puso en duda la continuidad del técnico, quien amagó con renunciar pero decidió seguir ya que no tenía plata para el barco de vuelta.

Tras un empate en Génova, el 24 de febrero, al equipo de Felipe Cherro (*back* central y hermano de Roberto, el histórico goleador de Boca) le llegó la hora de la verdad. Lo esperaba el gran Milan en su casa y el humilde *team* de Barracas dio el golpe y le ganó por 2 a 1 en su propio estadio.

La gira siguió: más tarde le ganó a Napoli y a Lazio, perdió con la Roma y, a la vuelta, se desquitó con el Barça, un 19 de marzo, venciéndolo por 2 a 0 en el Camp Nou (por entonces llamado

Camp Vieu) en otra hazaña del pequeño gigante de Barracas.

Su nombre ya estaba para siempre marcado a fuego en la historia del fútbol mundial. Lamentablemente, para el Milan, nunca más volvieron a verse las caras, por lo que el historial se cierra favorable al Sportivo Barracas, equipo que por más de 80 años le viene cantando "hijos nuestros" al poderoso equipo del norte de Italia.

40. EQUIPO CHICO, ARQUERO GRANDE

Les presentamos a la ciudad de Bradford, una ciudad mediterránea (es decir, sinónimo de "cordobesa") emplazada en el medio de la isla de Gran Bretaña, del lado inglés (a diferencia de la Europa continental, donde "mediterránea" significa "sobre la costa del mar" o simplemente "dieta con aceite de oliva"). Contando los suburbios, hoy en día su población supera los 500.000 habitantes (sí, Ud. conocía a Barbanegra, Morgan, Drake y alguno que otro más, pero los piratas son muchos más de los que uno normalmente imagina).

En 1903, es decir cuando el fútbol no era ya ninguna novedad por esas tierras, se crea el Bradford City A.F.C., al cual llamaremos el Bradford a secas, de ahora en más en este texto.

En casos como el de este club es fácil enumerar sus condiciones de *loser*, y tanta pequeñez puede camuflar el gigantismo que intentamos descubrirle. La actualidad del Bradford lo encuentra en la cuarta división del fútbol inglés que, ¿por qué no aclararlo?, es la última de las profesionales.

Para ejemplificar entonces sus datos que lo ubican por debajo de la línea de la pobreza de éxitos futbolísticos y quizás también de suerte, podemos decir que tuvo su estreno en 1903 perdiendo por 2 a 0 de local ante el Grimsby Town (aun con un técnico que forzosamente estaba debutando, no se dio eso de "técnico que debuta, gana"). Luego, desde su descenso en 1922 tardó setenta y siete años en volver a la máxima categoría, descendiendo de nuevo al año siguiente para comenzar una picada en la que los salamines de los jugadores fueron unos quesos a la hora de afrontar cada temporada. El club actualmente ostenta récords no envidiables tales como ser el equipo peor rankeado de todos los que alguna vez estuvieron en la Premier League, a la vez que es el único ex-Premier que hoy día está en la categoría profesional más baja.

Si bien el paludismo futbolístico reciente se puede explicar como consecuencia de una crisis económica grande del club, otras desgracias que le sucedieron son más adjudicables a una suerte esquiva como pelota colombiana en guante argentino enjabonado, diría Sanfilippo. Y es que, por ejemplo, en 1985 se incendiaron las tribunas durante un partido a causa de una colilla de cigarrillo mal apagada, con el resultado de más de cincuenta muertos y doscientos sesenta heridos.

Yeta menos trágica ha sido por ejemplo la de su rivalidad frustrada con el gran Leeds United: la cercanía de las ciudades de Bradford y Leeds sembraron esa disputa futbolística por el patronato de la vereda, pero a decir verdad la sembraron solamente del lado del Bradford, ya que cuando se le pregunta a los hinchas del Leeds, estos señalan como su rival al Manchester United (a su vez, los del Manchester United señalan a los del Manchester City o a los del Chelsea, confirmándonos esta simpática cadena de rivalidades sin correspondencia en el fútbol inglés). Cuando el Leeds estaba por caer de la Premier League hace un par de años y los hinchas del Bradford ya palpitaban el *derby* del año siguiente, vino también la debacle propia y descendieron a la vez que el Leeds, el cual siguió sin enterarse de cuánto lo odiaban en la comarca vecina.

El equipo antagónico más asequible en la realidad para el Bradford ha sido el Huddersfield. En 1997, Bradford hace la compra más cara de su historia fichando a Gordon Watson por más de medio millón de libras. Al tercer partido, el primero de febrero, un defensor del Huddersfield le provoca una doble fractura en la pierna (tan alevosa, que fueron a juicio y condenaron al defensor a indemnizarlo). En el partido de vuelta, el universo se empeña en hacernos reír un poco nuevamente de este casi amigo de los casi éxitos que es el Bradford City: arranca con un gol olímpico y llega a ponerse 3 a 0... pero Huddersfield remonta y el partido termina 3 a 3. El partido siguiente entre ambos es el último del historial hasta la fecha: 4-0 para el Huddersfield y descenso para el Bradford. No hay caso.

En lo económico, hace poco la suerte le guiñó un ojo: sus colores amarillo y rojo en franjas le propiciaron un aumento impresionante en las ventas de bufandas desde que comenzó la harrypottermanía. Para quien no lo sepa, el joven mago usa una bufanda igual por el equipo al que pertenece en el deporte alternativo que se practica en su escuela de magia.

Pero saltemos entonces hasta los albores de su historia, para encontrarnos con alguna particularidad simpática. En este club se retiró uno de los jugadores más llamativos de la historia del deporte: nos referimos al "Gordito" ("Fatty") William Foulke, que llegó en 1906 y se quedó hasta el año siguiente.

Este gordo, como no podía ser de otro modo según el manual del fútbol callejero, iba al arco. Hizo la mayor parte de su carrera en el Sheffield United donde dominó el arco mientras terminaba un siglo y empezaba otro; pero es de entender que como los jugadores engordan cerca del retiro, Foulke engordase más aún y entonces inscribiese el récord de peso —150 kg— atajando ya para nuestro Bradford. Su peso sin embargo nunca fue impedimento para que jugase en paralelo y de modo profesional al cricket.

Foulke fue convocado en 1897 para la selección inglesa, y en el único partido en que atajó para el conjunto nacional, durante un ataque inglés que ponía la pelota en el área contraria, se colgó del travesaño porque se aburría y el travesaño se dobló irremediablemente. Lejos de ser simpático, su carácter era demasiado temperamental, lo cual sumado a su peso nos remite a pensar un poco en Chilavert, pero más bravo: corrió a un árbitro una vez por toda la cancha, y otra vez, enojado con un delantero rival que intentaba meterle un gol cometiendo falta, lo levantó en el aire y lo revoleó adentro del arco, seguramente diciéndole alguna cosa como "¿Querías un gol? Tomá, ahí tenés un gol con vos haciendo de pelota".

Si bien Foulke murió a los 42 años por cirrosis, en su breve paso por el Chelsea antes de llegar al Bradford nos legó involuntariamente una figura institucionalizada que persiste hasta nuestros días: como el técnico había notado que los delanteros rivales se distraían mirando su tamaño a la hora de definir, decidió agregarles más factores de distracción a la hora de apuntarle al arco, colocando dos niños detrás de la red todo el tiempo, los cuales salían corriendo hacia los costados para devolver las pelotas desviadas. Sí, así cuenta la *Historia ilustrada del fútbol* publicada por *The Sunday Times* el nacimiento de los *ball boys*.

Dejando entonces atrás a este arquero cuyo secreto quizás consistiese en tapar la mayoría del arco con su cuerpo, llegó la hora de contar la hora grande del Bradford para por fin hacer saber por qué está en este libro. En 1911, solamente ocho años después de haber sido fundado, el Bradford decide inscribir su nombre fuerte en la historia de la FA Cup, que como es sabido es el torneo de fútbol más antiguo del mundo y que además actualmente todavía se disputa.

Venciendo sucesivamente al New Brompton, Norwich City, Grimsby Town, Burnley y a los fabulosos Blackburn Rovers, acceden a la final de la copa contra el Newcastle United que había llegado a la misma más holgado. La final termina en un aburrido empate a cero, por lo que debe jugarse un segundo partido, cuatro días más tarde y esta vez en el mítico estadio Old Trafford, que probablemente en ese entonces se llamase Young Trafford.

El delantero Jimmy Speirs, a los quince minutos (de fama) del partido estampó su gol y la FA Cup de ese año fue, por única vez, adueñada y señoreada por el Bradford. Seis años más tarde, el escocés Speirs devenido en sargento moría en combate durante la Primera Guerra Mundial. Pero antes de sacar los pañuelos despidámonos analizando la extraña crónica de ese gol, del que cuesta mucho imaginar su real factura. Según nuestra traducción del libro de Frost sobre la historia del Bradford[1], "Robinson pateó al arco, pero el viento atrapó la pelota, que fue cabeceada por Frank Thompson. Speirs entonces cabeceó él también la pelota hacia el arco, y el arquero del Newcastle Jimmy Lawrence fue distraído por el delantero Frank O'Rourke y la pelota rodó hasta la red". Resulta buena explicación entonces que la victoria grande de un gran equipo perdedor sea sencillamente inexplicable.

1 Frost, Terry (1988), *Bradford City: A Complete Record 1903-1988*. Breedon Books, *Reino Unido*.

41. DE PAPÚA AL MUNDO

La isla de Nueva Guinea es la segunda más grande del mundo, sólo superada por Groenlandia. Se encuentra dividida en dos partes, ambas de casi iguales dimensiones. La mitad occidental se hace llamar Nueva Guinea Occidental o Papúa Occidental. Esta falta de identidad se debe a su falta de independencia, ya que pertenece a Indonesia, país que todos recordarán por su participación en el mundial de 1938 bajo el nombre de Indias Holandesas. "Indias Holandesas" sería un buen nombre para una película de la "Coca" Sarli. Pero no nos vayamos de tema. Bah, todavía no llegamos al tema. El tema es que las Indias Orientales Neerlandesas tuvieron su debut y despedida con un 0-6 ante la Hungría poderosa de esos tiempos. No, el tema era la película de Beatriz Sarlo. No, perdón, el verdadero tema era la parte oriental de la isla.

Allí habita un país que sí tiene identidad propia: Papúa Nueva Guinea. Si bien es miembro de la Commonwealth, obtuvo su independencia en el año 1975.

En este escueto relato no nos detendremos en los logros de la selección nacional de este país, no tanto por una cuestión de espacio sino, principalmente, por la inexistencia absoluta de ellos. Vamos a detenernos en la dura liga local, la cual se juega desde 2006, cuenta con seis equipos semi-profesionales y ha sido siempre ganada por el Hekari Souths United FC, nuestro protagonista.

Tal vez ganar la liga local de Papúa Nueva Guinea no represente gran cosa para el *establishment* futbolístico mundial. Pero el hecho es que ganarla equivale a un codiciado boleto para participar en la Liga de Campeones de la OFC. El *establishment* dirá "y eso, ¿qué es?". Es la Champions League de Oceanía. Allí, el humilde Hekari debe medir fuerzas con los grandes cucos del continente.

En 2010, dio su gran golpe. La travesía comenzó en 2009 con su rutinario triunfo en la liga local, la papuanuevaguineaense, derrotando a rivales de fuste como Eastern Stars, Tukoko University, Madang Fox, Gigira Laitepo, Petro Souths y la selección sub-20 local (¡que juega la liga!). Luego, pasó a disputar el torneo interinsular.

Allí le tocó integrar el grupo B, el de la muerte (del fútbol), junto a Lautoka de Fiji, Marist de Islas Salomón y Tafea de Vanuatu. Parecía una misión imposible, no el clasificar sino el saber dónde quedaban esas islas. Y empezó mal la epopeya, empatando de visitante en Vanuatu y perdiendo de local con el equipo fijiano.

Párrafo aparte (literalmente) para el Tafea de Vanuatu, el equipo con más ligas locales consecutivas ganadas de todo el mundo, con dieciséis entre 1994 y 2009.

Sigamos. A partir de ese momento, el Hekari reaccionó y ganó los cuatro partidos restantes, quedándose con el primer lugar del grupo de los muertos. Esto le permitió acceder a la final ante el ganador del grupo A, el Waitakere United neocelandés, que dejó atrás, por sólo un gol de diferencia, al Auckland City FC.

En la ida, en Port Moresby, el Hekari impuso condiciones y le propinó un contundente 3 a 0 al Waitakere. Parecía liquidado pero todavía faltaba el viaje a Auckland para la revancha. Nunca un equipo que no fuera de Australia o Nueva Zelanda había ganado la Copa.

El Fred Taylor Park sería el escenario de lo que hoy en día se recuerda como el "Fredtaylorparkazo". Si bien el Hekari perdió, el 1-2 le dio el título y el inédito pasaje a la Copa Mundial de Clubes 2010.

Y así, luego de tamaña peripecia, este pequeño equipo, de este humilde país, de este casi inexistente continente, llegó a salir en la foto junto al Internazionale de Milán y al Internacional de Porto Alegre, entre otros.

Fue debut y despedida para el equipo papuense en Abu Dhabi, la capital de los Emiratos Árabes Unidos. El campeón local, el Al-Wahda, lo derrotó por 3 a 0 por la fase preliminar, dejándolo en la séptima y última ubicación. Pero su nombre quedó asociado para siempre junto al de las grandes potencias del mundo. Ya nadie se reirá al escuchar que existe un país llamado Papúa Nueva Guinea.

42. TABARÉ VS. EL PROGRESO

El 30 de abril de 1917, en el obrero barrio de La Teja, se funda el Club Atlético Progreso. Anarquistas picapedreros fueron sus fundadores y eligieron los colores rojo y amarillo a rayas verticales en su camiseta en homenaje a Cataluña. Entre sus fundadores había un tal José Vázquez, futuro abuelo de un niño llamado Tabaré.

El Dr. Tabaré Vázquez nació en La Teja un 17 de enero de 1940. De familia humilde, su padre trabajaba en la refinería de la zona. Con tan sólo cinco años, el niño Tabaré fue testigo de la obtención del título de la divisional B, lo que le permitió a Progreso ascender al círculo de privilegio.

Después de una temporada en Primera, Progreso desciende y se pasa años peleando en las divisionales de ascenso. Sin embargo, la obra social del club se expande y el 24 de septiembre de 1957 inauguran el Parque Abraham Paladino.

Tabaré Vázquez, un estudiante más de la revoltosa Montevideo sesentista, estudia salvajemente para obtener su doctorado en medicina. El resto del tiempo lo dedica a sus hijos mientras espera en un futuro tener más tiempo para ayudar al viejo y querido Progreso.

Los caminos de Progreso y el ya Dr. Tabaré Vázquez se vuelven a encontrar en 1979. Uruguay se encontraba bajo un régimen dictatorial y Tabaré asume la presidencia del club. Cual dos compañeros de colegio que nunca lograron concretar más que algunos arrumacos en cumpleaños de quince, el reencuentro como adultos fue explosivo. La llama del amor se encendió inmediatamente y nada los pudo parar.

En su primer año como presidente, Tabaré y Progreso ascienden. La vuelta a primera después de treinta y cinco años no podría haber sido mejor: Progreso hace una campaña de mitad de tabla y se afianza. Los tortolitos se paseaban por todas las canchas de Montevideo, con una confianza incomparable. En 1985 logran un Torneo Competencia y en 1987 la primera incursión en la Copa Libertadores de América.

1989 es un año memorable. Tabaré pide licencia en la presidencia del club para candidatearse a la Intendencia de Montevideo y logra la victoria: por primera vez la izquierda gobernará Montevideo y Progreso, para no ser menos, gana el Campeonato Uruguayo. Todo era alegría, amor, encanto. Pero... a partir de ahí todo cambió.

Progreso comienza a sentir que el viento favorable vira notablemente. Tabaré es intendente y no tiene tiempo para el club. Juega la Libertadores contra cuadros que dan para la risa, como el Pepeganga de Isla Margarita y Mineros de Guyana. Pasa a duras penas la primera fase y queda eliminado en octavos. De los jugadores campeones sólo logra vender a Leonardo Ramos a Vélez. Progreso se siente seducido y abandonado. Y en 1995, desciende.

En ese mismo año, Tabaré termina su mandato en la Intendencia con una aprobación alta. Ya se piensa en su nombre como candidato a la presidencia y de hecho termina siéndolo. Cual estrella de rock que olvida sus orígenes, apenas hace referencia al descenso de Progreso. Parece olvidar todo lo que vivieron juntos; no sólo eso, parece alimentarse de la desgracia del club para aumentar su prestigio.

Progreso sigue con el sube y baja, y Tabaré pierde otra elección pero aumenta su caudal de votos. Mientras uno estaba por quedar desafiliado, la otra pata de la vieja sociedad gana las elecciones en 2004 y se convierte en el primer presidente de izquierda del Uruguay. En La Teja se festejó la victoria como propia: el hijo pródigo llegaba a la presidencia. Todo era jolgorio menos en una institución, el viejo Progreso, que se sentía olvidado, humillado. Pero como hacen los grandes de verdad, siguió peleando y logró otro ascenso en 2006.

El gobierno de Tabaré tomó un rumbo exitoso. Progreso no podía pagar ni la luz. Tabaré se reunió con Bush y en una conferencia de prensa dijo que se entendieron muy bien debido al origen "tejano" de ambos. Se venía la desafiliación de Progreso por deudas impagas. Algunos periodistas comenzaron a insinuar que desde el gobierno se estaba presionando para que le perdonaran las deudas. Los caminos parecían que se volvían a encontrar y...

Tabaré llama a un programa televisivo de fútbol. Aclara que él es el presidente de todos los uruguayos y que no le corresponde mover un dedo para salvar a una institución. La daga afilada partió al medio el corazón del club, una afrenta imperdonable que no pudo sobrellevar. Así, el viejo y querido Progreso, con un campeonato uruguayo en sus vitrinas, dejó de competir en los torneos organizados por la Asociación Uruguaya de Fútbol.

43. ¿TÚ TAMBIÉN, HERMANO MÍO?

Enfrentamientos contra países enteros, bipolaridad entre lo santo y lo demoníaco, fraticidios en el verde césped, y la gloria de ser campeón en el ascenso para ir a enfrentarse a los colosos. Todos estos irresistibles conceptos para presentar a un chico grande del balonpié del interior turco.

El Mersin İdman Yurdu fue creado en 1925 justamente en Mersin, una ciudad en la costa turca del Mediterráneo. Nunca salió campeón de la máxima categoría, como tampoco lograron ser los número uno en lo suyo los Reutemann o las Sabatini. Allí donde el exitismo devora a los que ven en las copas ganadas los cálices donde beber la sangre de la derrota adversaria, plantamos nuestra bandera una vez más en nombre de la gloria pequeña. Y vaya si estaremos en el camino acertado al adjetivar "gloria" con "pequeña": la mismísima Real Academia Española comprende en sus términos al vocablo "glorieta" que etimológicamente significa exactamente eso.

Nuestro Mersin İdman Yurdu, sin embargo, quiso dejarnos alguna enseñanza sobre la esencia transiente de la victoria en la temporada 1982/83. Y es que se puede ser optimista y ver en un medio vaso un vaso medio lleno pero, ¿cuál es el destino final del vaso medio lleno de agua de todos modos? Sí: vaciarse. Esa vez, el Mersin İdman Yurdu afrontó a fondo dos competencias en simultáneo y, mientras que por un lado alcanzaba la final de la Copa de Turquía, en la liga su descenso se volvía inevitable. Igualado en puntos contra el último de los que no bajaba, le dijo adiós al fútbol grande por diferencia de gol. Tragicómico.

Uno podría decir: "Bueno, descendió, pero está a un paso de ganar la Copa". Y sí, donde se cierra una puerta, puede abrirse otra... pero esta nueva puerta se cerró con una derrota ante el odioso Fenerbahçe. Pero luego una puerta más quiso volver a abrirse para el Mersin İdman Yurdu: como el Fenerbahçe también había ganado la liga, la segunda plaza en la Copa de Campeones de Europa le correspondió a nuestro equipo. Pero otra vez el resultadismo sentenció como época de fracasos a esta época dorada del Mersin İdman Yurdu, cuando no consiguió marcar ni un gol ante el Spartak Varna de Bulgaria, que vulgarmente -o búlgaramente- lo vapuleó por 1 a 0 en el global. Así, mientras los eternos rivales del Adana Demirspor le gritaban "¡Pierdefinales!", "¡Se fueron a la B!" y "¡Europa les queda muy grande!", nuestro vaso de emoción no se llena hasta el medio sino que se rebalsa y nos hermana con nuestros admirados.

Si bien no pudieron doblegar a aquel equipo de Bulgaria, el roce internacional del Mersin İdman Yurdu cuenta con unos detalles envidiables para casi cualquier equipo del mundo. En 1969, el Mersin İ. Y. disputó en Irán la Copa de la Amistad, torneo organizado como regalo de cumpleaños para el entonces infante Reza Pahlavi, quien actualmente detenta en el exilio el cargo de Shá de Irán. Esta copa tuvo la remarcable particularidad de incluir a dos clubes junto a tres seleccionados nacionales.

Nuestro Mersin İdman Yurdu cayó ante el seleccionado local y ante el luego campeón Spartak de Moscú, pero pudo vencer heroicamente nada menos que a las selecciones de Irak y de Pakistán, dos integrantes del Eje del Mal, en lo que un clarividente describiría como una clara videncia de las incursiones que, medio siglo después, realizaría la nación líder del mundo civilizado para acabar con los dos máximos enemigos de su ambición desmedida, no otros sino Saddam Hussein y Osama Bin Laden.

Durante la temporada 2010/11, el Mersin İdman Yurdu tuvo sus quince puntazos de fama global: en pleno partido de la fecha, el hermano del director técnico Yüksel Yeşilova entró a la cancha munido de un cuchillo y, cual Caín moderno, hundió su hoja en el abdomen de quien habitara el mismo útero que él en su vida prenatal. Fuera de toda duda, el intento de fratricidio en ocasión de partido es uno de los caminos más efectivos para que los hermanos ignotos de los directores técnicos salten a la fama. Claro, algunos hermanos de directores técnicos han hecho su camino por sí mismos, como Sonia Pepe, más famosa que su hermano Omar. Y eso por no extender el radar familiar a más generaciones, lo que nos llevaría a aplaudir la saludable idea de Gregory Peck de convertirse en estrella de Hollywood desde temprano en lugar de esperar la chance de que su pariente José Pekerman (sobrino nieto del actor, ambos con abolengo común en Ucrania) llegase a dirigir algún equipo para poder acuchillarlo.

Pero esta historia tuvo su final feliz. El técnico se salvó y su reemplazante —el nunca mejor dicho ascendente Nurullah Sağlam— logró que el equipo se encaramase en lo más alto del torneo, y al final de la temporada lograse el ascenso a la Super Liga, donde no estaban desde aquella caída en el 83.

Ahora, los "Diablos Rojos" ("*kirmizi sheitanlar*" en turco de barrio) se las ven de nuevo con los grandes de Estambul tratando de quedar entre los primeros quince de la tabla para no descender al final de la temporada. La ciudad de Mersin se inunda domingo por medio nuevamente con las camisetas azulgranas de sus fans. Y es que los autobautizados Diablos Rojos tienen una camiseta similar a la del Santo de Boedo, hecho que difícilmente entendamos algún día. ¿Y quién más indicado que Cristian Zurita, ex San Lorenzo y ex Independiente para ser adalid de este equipo? Por eso quizás los dirigentes decidieron incorporarlo a la plantilla, luego de cumplir su duradero ciclo en el vecino Gaziantepspor.

Así, el Mersin İdman Yurdu se foguea nuevamente entre los grandes, a la espera de que la tercera vez que le toque jugar contra algún equipo de afuera, sea contra alguno que no se llame Spartak, significante presente en sus más dolidas derrotas en país ajeno.

Un joven Quique Wolff protesta
ante la falta de un balón reglamentario.

Streltsov, a la edad de 13 años, ya jugaba para la fábrica Fraser,
donde trabajaba su madre.

44. NEGRA CAPITALISTA

El nombre de Loma Negra quizás suene gracioso para las nuevas generaciones. Y pensarlo como un equipo de Primera División del fútbol argentino quizás suene increíble para estos púberes insolentes hijos de una gran puta. Sin embargo, la historia se ríe de ellos, pues este equipo del partido de Olavarría —que es el más importante, el de la vida— ha tenido su momento de gloria, y por ello está en este libro.

Loma Negra es sindicado como "El equipo de Amalita". Pues bien... sí. Se trata de Amalita Lacroze de Fortabat, sindicada como "La de Loma Negra". La multimillonaria poseía decenas de empresas. Pero no es este el lugar para hablar de ellas, como sí lo es el libro de BSM *Empresas, negocios y el horror*. Aquí diremos que Amalita era dueña de la empresa de cemento Loma Negra, ubicada en la provincia de Buenos Aires, concretamente en Villa Fortabat.

Desde allí, un pueblo entero y su economía giran en torno a la cementera. Como en tantos casos, se hace natural la existencia de un club social y deportivo. Es el caso del Club Loma Negra, que si bien hoy parece insospechado, ha gozado de un momento de gloria. El mismo se remonta a los años en que militó en la primera división: Loma Negra jugó los Nacionales 81 y 83. Vale la pena recordar que en el fútbol existe una gran tradición de equipos pertenecientes a cementeras, como es el caso del Cruz Azul de México DF, el Tigres de Nuevo León (administrado por Cementos Mexicanos CEMEX) y el Polpaico que milita en la cuarta división de Chile, entre otros quinientos.

En el Nacional 81 tuvo una gran campaña, finalizando segundo de la zona B, sólo superado por el gran Ferro, y compartiendo posición con River. Loma Negra tuvo su momento de gloria, no sólo por jugar en primera sino por ser revelación del torneo y haber estado a un paso de pasar a las etapas finales.

Para seguir hablando de grandes hitos, se dió el gusto de ganarle en la primera fecha a Ferro, dando la sorpresa. También le sacó dos empates en cero al River de Passarella y Kempes.

Félix Orte, la "Pepona" Reinaldi y Armando Husillos (goleador del torneo en el 83) se cuentan entre los jugadores más importantes de esta etapa. Todos querían jugar en Loma Negra, porque se decía que pagaban muy bien. Husillos había jugado en Boca e incluso le había hecho goles a River.

También formó parte del equipo el profesor Jorge Habbeger, recordado como DT de Boca y por cánticos de la 12 como "El profesor/ el profesor/ se va a la puta/ que lo parió". Se dice que fue preparador físico en el equipo cementero, aunque en su sitio WEB (http://www.jorgehabegger.com/trayectoria.html) el profe afirma haber pertenecido al staff técnico del equipo, y cuando uno se descarga su CV en pdf, dice haber sido el director técnico. ¿La verdad? Sólo la historia (del pasado) lo dirá (o lo dijo).

Quizás muchos se pregunten cómo llega a ascender a Primera el equipo de una empresa controlada por uno de los mayores poderes económicos nacionales en plena dictadura militar. Pero ya habrá momento para las ideologías —en la página que viene—. Ahora vayamos a las estadísticas: Loma Negra consiguió su clasificación al Nacional luego de jugar el Campeonato Regional de Clubes Campeones, ya que obtuvo su plaza en representación del fútbol de Olavarría al ganarle a Estudiantes de la misma ciudad. Luego, ganó dicho campeonato y logró el ascenso al golear 6 a 1 a la Asociación Mutual Club Atlético y Biblioteca Mitre de General Baldissera, más conocido como el AMCABMGB.

Hoy un grupo de Facebook que le gusta a dos personas, recuerda a este gran equipo y su campeonato del 81.

En el Nacional del 83, volvió a empatarle en cero a River Plate, a quien ya tenía, no de hijo, pero por lo menos de hermano. Y se dio el gusto de ganarle 2 a 1 a Racing en la fecha 19.

Pero esto no termina aquí. El equipo de la Fortabat no sólo tiene entre sus hitos haber pertenecido al fútbol de élite de la Argentina, y haber ganado y empatado algún que otro partido a algún grande, sino que también fue protagonista de un histórico partido en 1982.

El 17 de abril de ese año, con la Guerra de Malvinas a punto caramelo, y en plena dictadura, el equipo cementero se enfrentó en un mítico partido a la selección de la Unión Soviética, a quien logró doblegar por 1 a 0 con un gol del "Tanque" Husillos a nueve minutos del final.

Este momento álgido sería el eslabón perdido en las causas que de a poco llevaron al fin del bloque socialista y a la caída del

Muro de Berlín. En plena Guerra Fría, este encuentro encerró mucho más que un simple 1 a 0: en él se dirimieron una vez más dos modos de ver el mundo. Por un lado, el soviético-comunista, con una URSS a todo dar. Y por otro, el capitalista-autoritario con un Loma Negra como representante del poder económico, del empresariado capitalista y de las dictaduras de corte neoliberal.

Fue quizás el único partido con camisetas subtituladas, ya que ambos combinados vistieron casacas con el nombre del equipo impreso.

Poco se sabe de este partido. Algunos afirman que ya no existe más. Lo cierto es que las crónicas de la época lo retratan con sorpresa y una pizca de regocijo.

Las suspicacias no se hacen esperar: ¿Pudo la empresa Loma Negra haber sobornado con bolsas de cemento a los proletarios soviéticos del balonpié? Lo cierto es que esa brillante selección de selecciones (era una selección que contenía, de hecho, a varios países) venía invicta hacía dieciocho partidos, con cuarenta y tres goles a favor. Incluso la propia selección argentina había enfrentado días antes al equipo bolchevique, sólo sacando un empate. Lo que no pudo nuestro país, lo hicieron nuestras empresas.

Resulta curioso que la selección marxista cobró cachet, que todos esperamos que haya sido repartido en partes iguales. Además, el cachet de treinta mil dólares fue muy superior a la recaudación por entradas vendidas, que fue de doce mil. Amalita había prometido un viaje al mundial de España 82 a sus jugadores, si ganaban. Pero el premio nunca se pagó. Nunca.

Y así pasó a la historia este humilde equipo. Se trató de un caso paradójico ya que el débil fue el respresentante del capitalismo, y el fuerte, el socialista. Desde aquí, nuestro saludo.

Pero ¿qué pasó con el celeste de Villa Fortabat? Presa de la democracia, el equipo comenzó a decaer, hasta tener que llegar a hacer una fusión digna de las más bajas estrategias monopólicas empresariales. En 2005 la empresa se vende a capitales brasileños. En 2006 el club se fusiona con Racing de Olavarría y pasó a llamarse, elocuentemente, Alianza Racing Loma Negra.

Hoy podemos ver que en la Liga de Olavarría figura el equipo de Loma Negra, casi como una ironía del destino, que sabe que en el pasado un equipo con el mismo nombre, del mismo lugar, con la misma camiseta y ubicado en la misma sede, también existió. Hoy en día enfrenta en la liga local a equipos como El Fortín, Embajadores, Villa Mi Serranía, Sierra Chica e Hinojo.

Y así pasó la paradoja de una cementera que comenzó tirando paredes y terminó derribando el Muro.

45. VUELA, VUELA

Muchos pequeños gigantes han tenido su momento de gloria ganando algún partido inesperado, llegando a alguna ronda decisoria de algún torneo grande o ubicando algún jugador insignia en un mundial. Pero otros se han hecho famosos simplemente por la caradurez de sus dirigentes. Es el caso de los Grasmere Rovers de Manchester, un equipo... con mucho vuelo.

El Grasmere Rovers fue fundado en 1961 y desde ese entonces participa de la Liga de Fútbol de los Condados del Noroeste. Su trayectoria en estos torneos es muy poco digna de mención: cada tanto ascienden de la División 2 a la 1, sin que a nadie le importe en absoluto. En lo extradeportivo tampoco hay mucho para destacar. Durante estos 50 años han cambiado varias veces los colores, hicieron algunas reformas al estadio, cambiaron la marca de las salchichas para los panchos que se preparan en el buffet y no mucho más.

Sin embargo, algo sucedió en los primeros años de este club que marcaría su identidad para siempre. Tal como lo recuerda Paul Hince, para el periódico regional *Manchester Evening News*, todo comenzó cuando a principios de los sesenta a uno de los púberes dirigentes del club, Chris Davis (tenía catorce años cuando participó de la fundación), se le ocurrió que su equipo podía irse de vacaciones a España y, de paso, jugar contra algunos equipos aficionados del otro lado del Canal de la Mancha. Como este purrete no tenía mucha idea sobre el fútbol amateur español ni sobre cómo organizar amistosos internacionales, se le ocurrió escribirle a uno de los equipos más famosos del mundo para preguntarles a quién le podían recomendar, así como quien no quiere la cosa. La carta fue dirigida al Fútbol Club Barcelona. Unos días más tarde llegó la respuesta: el Barcelona no ofrecía información sobre posibles contendientes... ¡sino que se ofrecía a sí mismo para jugar un amistoso en el Camp Nou!

Enseguida, Paul Hince decidió cubrir la noticia. El Grasmere Rovers, un equipo amateur recién fundado de Manchester, tenía fecha para jugar contra el Barcelona en Catalunya. El periodista recuerda que cubrió esta increíble historia de manera un poco parcial: "En la crónica del partido narré con gran emoción cómo durante el cotejo los Rovers se pusieron en ventaja rápidamente. Pero no tuve el coraje para contar que el marcador final fue 17 a 2 a favor de los catalanes". En honor a la verdad, el Barcelona ni siquiera jugó con sus titulares, sino con un combinado sub 20. Pero también es cierto que muchos de esos juveniles ya habían jugado en primera y formaban parte de los combinados nacionales de menores. El 17 a 2 era una anécdota; lo importante es que el Grasmere ya se codeaba con los grandes y que inauguraba un espíritu aventurero que lo acompañaría para siempre.

No se sabe bien cómo, pero al parecer a fuerza de contactos, insistencia y muchos amigos, los Grasmere Rovers (luego cambiaron su nombre a Cheadle Town) viajaron a partir de allí por todo el mundo, mostrando su torpe y poco seductor fútbol aficionado. Jugaron en 30 países diferentes, frente a numerosos clubes y siete selecciones nacionales. Entre otros hitos fueron observados por sesenta y cinco mil personas en el Estadio Azteca para jugar contra el Cruz Azul; fueron el único y último equipo inglés en jugar un partido en y contra Cuba (partido transmitido por la televisión oficial); en dos ocasiones tuvieron que escapar del país en el que se encontraban porque mientras lo visitaban se estaba produciendo un golpe de Estado; jugaron en lugares exóticos como Dar es Salaam, Haití o Bahamas; conocieron a personalidades como Jairzinho, Alfredo Di Stefano o Rajiv Gandhi; y se encontraron en Brasil con Ronnie Biggs, prófugo de la justicia británica luego de haber perpetrado "el robo del siglo" en 1963, entre muchas otras peripecias.

Quizás se aprovecharon de una época en la que nadie conocía mucho del fútbol internacional y la sola mención de ser un equipo británico generaba cierto respeto. Quizás sólo fueron unos caraduras que hicieron del lema "El no ya lo tenés" una forma de vida. Quizás sólo eran unos troncos con ganas de hinchar las pelotas. No sabemos. Sí sabemos que sus integrantes nunca tuvieron la ilusión de ser estrellas mundiales. Siempre supieron que su lugar era el de las ligas humildes y que ni siquiera tenían la habilidad necesaria como para algún día meter un batacazo en la FA Cup. Pero decidieron que aun sin ser Ronaldo o Kaká algo no les iba a faltar de esa vida glamorosa y exuberante, y ese algo era viajar y enamorarse del mundo.

Así que mientras Cristiano Ronaldo o Di María transitan por el globo indiferentemente, ensimismados en su *Ipod*, jugando al *Petville* y mirándose obsesivamente al espejo, en algún lugar de Manchester, los dirigentes y jugadores del Grasmere Rovers/Cheadle Town están haciendo F5 en el Gmail, esperando una respuesta, mandando mails, mintiendo y/o exagerando, desarrollando amistades por conveniencia, haciendo *lobby* con funcionarios y lo que sea necesario para coordinar nuevos y absurdos amistosos en lugares donde serán inexplicablemente recibidos con los brazos abiertos.

En 2011, para celebrar su quintuagésimo aniversario, organizaron un partido en Cabo Verde. Lo que todos esperamos es que para celebrar el primer centenario, se lleve a cabo la primera gira espacial y el Cheadle Town se enfrente a combinados extraterrestres. Hasta allí los seguiremos.

46. INCREÍBLE PERO CASI REAL

Los equipos filiales, al igual que la tauromaquia, son un flagelo que afecta a España desde tiempos inmemoriales. Los equipos grandes adquieren una institución menor (según sus sesgados ojos de grande) y, como proxenetas del fútbol, la ponen a trabajar para ellos. Por unos pesos (o pesetas o euros) se llevan todo lo que ese club produce poniendo el cuerpo, a fuerza de sangre, sudor y, a veces, también lágrimas. Hoy en día estas filiales han sido más degradadas aún ya que no pueden jugar en la misma categoría de sus señores feudales y ni siquiera pueden participar de la Copa del Rey, no vaya a ser cosa que, por error, se crucen sin querer con los dueños del circo. Incluso ya no pueden tener nombres propios, deben llevar, como perros, el nombre de su amo, seguido de la categoría B.

Sin embargo, hace varios años ya, un equipo filial se rebeló contra el sistema e intentó derrocar a los poderosos de siempre. El Castilla Club de Fútbol, llamado espuriamente Real Madrid B, quiso dejar de ser, de una vez por todas, la putita del Madrid.

El club fue fundado en 1975. Por ese entonces, las filiales podían participar todavía de la Copa del Rey. Pues bien, en 1979 el Castilla comenzó inocentemente su participación como un cervatillo corriendo por el bosque.

Primero derrotó al Extremadura, un equipo que llegó a estar en Primera pero que por entonces jugaba en la Tercera División. Luego vino el Alcorcón, que en ese momento no era nadie pero que más adelante, un 27 de octubre de 2009, obtendría también su diploma de "pequeño gigante", al eliminar de la misma Copa al Real Madrid de Raúl, Guti, Van Nistelrooy, Benzema y Diarra, entre otros. Ese 27 de octubre, el equipo amarillo derrotó por 4 a 0 al conjunto del chileno Manuel Pellegrini, dándole un baile histórico y memorable y definiendo la serie de dieciseisavos de final (siendo rigurosos, la serie se completó en el Bernabeu con un inservible 1 a 0 para los Merengues). Pero eso es harina de otro costal. Como decíamos antes, en 1979, el Alcorcón fue vencido por nuestro Castilla.

Luego vinieron los equipos más grandes y el pequeño Bambi comenzó a mostrar los colmillos de una hiena. Pasó el Racing de Santander, por esos años en Segunda y llegaron los de Primera. En primer lugar el Hércules. El hijo de Zeus, acostumbrado a cargarse gigantes, lo recibió con un 4 a 1 en su casa. Sin embargo, a la vuelta el pequeño gigante madrileño le propinó un 4 a 0 y lo mandó a llorar al Olimpo.

Más tarde, tuvo que derrotar a los dos grandes vascos, el Athletic de Bilbao y la Real Sociedad, animadores históricos de esta Copa. A los dos los derrotó como visitante por sendos 2 a 1, conservando la diferencia en casa. De golpe, luego de la excursión por el País Vasco, ya estaba en semifinales.

Allí lo esperaba Quini, más conocido como "Quinigol", uno de los máximos goleadores de la liga española y emblema, casi bochinesco, del Sporting de Gijón. Fue 2 a 0 en la tierra de los turrones. Pero en la revancha, el turrón se puso blando, se deshizo en migajas y el

Castilla ganó por 4 a 1.

Llegó la final, una oportunidad histórica de gloria. "Che, ¿contra quién jugamos?", preguntaron, en un vestuario lleno de alegría, los jugadores del Castilla. La respuesta les heló la sangre. Su próximo rival era, nada más y nada menos, que el Real Madrid.

¿Podían ganarle a su jefe, a su superior? La pregunta no era sólo futbolística. El Real era un grande y además ese año iba a obtener la liga, pero, en este caso, había otra cosa en juego, una especie de relación de paternidad, o mejor dicho, de proxenetismo. ¿Qué pasaba si ganaban? ¿Pasaban a ser el equipo A y las grandes estrellas a ser clase B? ¿Lo permitiría el club? ¿Lo permitiría la AFA española? ¿Estaban ellos mismos preparados para eso?

El partido se jugó en el Santiago Bernabeu y el Real A ganó por 6 a 1, con un gol del director técnico de la selección española campeona en Sudáfrica 2010, Vicente del Bosque. ¿Fue tan superior el equipo merengue? ¿Fue ayudado por los árbitros? Lo que sucedió fue que el Castilla no se animó a ganarle a su mentor, invadido por el miedo a la libertad o tal vez por una especie de síndrome de Estocolmo. Decidió dejar frustrada su revolución y no innovar, no romper el *statu quo*.

Como premio consuelo al año siguiente jugó la Recopa europea, ya que papá Real le dejó su lugar para ir a la Champions. Perdió en primera ronda con el West Ham United. No importaba. La epopeya ya había terminado. A partir de entonces, las condiciones laborales de las filiales fueron empeorando y flexibilizándose cada vez más.

El Castilla, con su revolución frustrada a cuestas, prefirió volver a Segunda, logrando de vez en cuando algún triunfo resonante, como el nene que anda en bicicleta y dice "mirá, papá, ando sin manos...".

47. LA CAZA DE LOBOS

Cuenta Bernardo Leyenda (sentado en su patria, el banco de suplentes) que la ciudad de Lobos debe su nombre a las nutrias que habitaban, en el momento de su fundación, la laguna local. Por ese entonces eran conocidas como "lobos de agua". La Laguna de los Lobos vio crecer a sus orillas el Fortín de San Pedro de Los Lobos, piedra fundamental de la futura ciudad. También lo vio destruirse por el paso del tiempo (recordemos que en esa época no había pintura anti-hongos), lo cual le permitió ver nacer (ya que el Fortín antes le tapaba la visión) al Lobos Athletic Club, un 3 de julio de 1892. Su acta de fundación comienza así: "Visto que la vida en el pueblo de Lobos es triste y monótona...".

Este club, de camiseta rojinegra a rayas y próximo a cumplir ciento veinte años de vida (gracias a los avances de la medicina) deambula actualmente por las canchas sin césped del Torneo del Interior (mal llamado Torneo Argentino C) en busca de su gloria perdida, de sus éxitos decimonónicos.

Su primer torneo fue el de 1894, quedando invicto como local (con tres victorias y dos empates) pero consiguiendo sólo un punto como visitante. Terminó cuarto en gran actuación. Sin embargo, los amarillistas de todas las épocas destacaron que sólo participaron seis equipos.

Al año siguiente empezó un receso, justo en el año en que nacía en dicha ciudad Juan Domingo Perón, definido por Juan Sasturain como "el último centro-half".

La vuelta a la máxima categoría (la única por ese entonces) se produjo en 1898. En este campeonato, el rojinegro consiguió la mejor actuación de su historia. Como local, derrotó a Banfield, a Lanús, a Palermo AC y a United Banks; cayó por 1 a 0 ante Belgrano AC y empató 1 a 1 con el múltiple campeón de entonces, el temible Lomas AC. Además esta vez fue "lobazo en rodeo ajeno" y como visitante venció a todos sus rivales. A todos menos al Lomas AC, con quien empató sin goles.

Fue así que Lobos AC y Lomas AC llegaron a un desempate al igualar el primer puesto con veinte puntos cada uno. El partido se jugó un 28 de agosto (dato absolutamente irrelevante) y venció Lomas por un exiguo 1 a 0. Debido a irregularidades que se desconocen (según crónicas de entonces, el arquero de Lomas habría jugado con el pijama bajo la ropa reglamentaria), el partido se tuvo que jugar de nuevo tras una protesta de Lobos. Y el múltiple campeón no perdonó. Ofendido por la suspensión, volvió a derrotar a su par de Lobos, esta vez por 2 a 1. Fue el primer subcampeonato de Lobos AC.

Al año siguiente, sólo cuatro equipos disputaron el torneo. Lobos se desquitó de Lomas (que comenzó su declive) derrotándolo las dos veces. Pero esta vez, el obstáculo se llamó Belgrano AC, a quien no pudo vencer y que, a la postre (o de postre), sería el campeón. Lobos sumaba su segundo subcampeonato y daba la sensación de que en cualquier momento "pegaba el zarpazo".

Sin embargo, la AAFL (la AFA de entonces, con un Julio Grondona dando sus primeros pasos como dirigente) retiró a Lobos de la competición de 1900 debido a la lejanía de su estadio (casualmente ubicado en la localidad de Lobos), dando inicio a la discriminación a los equipos del interior que llega hasta nuestros días.

Y así termina la historia grande de este club. Sus figuras volvieron al porteño English High School del que habían venido, que obtendría el torneo de 1900 y que al año siguiente cambiaría su nombre por el de Alumni AC.

El Lobos Athletic Club, el primer segundón de la historia, el primer equipo "del interior" discriminado, el primer club argentino en jugar (y ganar) un partido internacional de visitante (contra el Albion de Uruguay), no será recordado por sus títulos pero tampoco por su buen fútbol, ya que no queda nadie vivo que pueda decir "cómo jugaba ese equipo...".

48. LA BATALLA CAMPAL DE LAS GALAXIAS

Nos trasladamos en alfombra mágica a Capadocia, un cuadrado misterioso en el Asia Menor, más precisamente en la llanura de Anatolia. Pero ¿dónde queda Anatolia? Si Ud. hace una asociación libre desde "Anatole France", llegará a "Anatolia, Francia", pero no. Siga participando. Estamos hablando de una región que hoy día queda dentro de Turquía, pero que muchísimo tiempo atrás albergó a la más genuina cuna de la Civilización. Ahí entonces estaba la Civilización, aullando en pañales en la protociudad de Chatal Huyuk, sin loba que la amamantase como a Romario y Rooney.

Años después, los hititas poblaron la zona. Algunos creen que convivían con africanos que venían de lo que hoy es Zimbabwe pero que antes se llamaba Rhodesia, por lo cual habrían conformado la temible dupla Rhodesia-Hitita. Así que en esta tierra ocupada (en latinglish "terra-busy") el mundo civilizado crecía y crecía. "¡Vaya paradoja!" se dirá Ud. cuando lleguemos al hecho principal de este capítulo, porque estas líneas pronto versarán sobre la pelea entre hinchadas más desastrosa de la historia.

Los hititas crearon ciudades subterráneas y cuevas en las rocas gigantes para escaparle a las temperaturas del aire libre en el desierto. Luego llegaron los primeros cristianos (los que no eran Ronaldos), en esas lejanas épocas pre-Inquisición en que ellos eran los perseguidos de la película. San Jorge fue príncipe de Capadocia venciendo a Defensores de Belgrano, o sea el Dragón. Muchos años más acá, en el siglo XX, estos escenarios naturales ambientaron el rodaje de Star Wars y el de todo el cine de ciencia ficción turco. En ese desierto, el Monte Erciyes, un volcán de dos picos (Walter Reinaldo y otro), domina el paisaje y a su lado se yergue la ciudad de Kayseri.

Sivas y Kayseri entonces se disputaron en la moderna Turquía el título de "ciudad más capa-docia" en su región. Turquía no tuvo una liga de fútbol nacional unificada hasta mediados de los 60, por lo que el derby capadocio nunca se había jugado todavía.

Por fin llegó el día, en 1967. Kayserispor era el local. Medio Sivas recorrió los 170 km que separan a sus metrópolis para copar la tribuna visitante. El prestigio de prevalecer por sobre el alter ego estaba en juego y se notaba. Los jugadores también lo sintieron. Tanto que, hacia el final del primer tiempo y bajo el 1 a 0 del local, en cierto momento un jugador del Sivasspor pegó una tremenda patada y se desató una gresca general dentro del campo. Y en las tribunas, la tragedia. En una especie de "Puerta 12" turca, cuarenta hinchas del Sivas murieron aplastados en masa al agolparse ante las puertas que se abrían hacia adentro. Seiscientos más quedaron heridos. Los ánimos estallaron definitivamente: los que consiguieron salir vivos comenzaron a destrozar todo lo que veían a su alcance. Los del Kayserispor destruyeron los autos en la playa de estacionamiento del visitante.

Hasta acá, el contexto es dantesco pero imaginable en nuestras tierras (o sea dantesco zavatarelliesco, por ejemplo). Sin embargo, no bastó con unos palazos de la montada alentados por el Muñoz turco desde la radio. La gente en Sivas explotó y tomó las calles de su ciudad, destrozando todos los autos con chapa patente de Kayseri y todos los comercios de kayseríes habidos y por haber. La réplica no se hizo esperar en Kayseri. Los jugadores del Sivasspor a su vez fueron señalados por su propia hinchada como los que desataron la tragedia por aquel patadón, y no pudieron regresar a su ciudad, sino que fueron alojados de apuro por la policía local en un hotel custodiado, en Kayseri.

Las calles de Sivas ardían en fuego... y ya había pasado una semana desde el fatídico cotejo. Seguía sin llegar información confiable acerca de los heridos hospitalizados y los detenidos, lo que provocó que los habitantes de Sivas (quiera Dios revelarme su gentilicio) decidieran armarse con lo que tuvieran a mano y emprender una caravana a través de la carretera para llegar hasta Kayseri a enfrentarse ciudad con ciudad, ya no en un once contra once sino en un todos contra todos, hasta morir.

El ejército turco tomó control de la situación y clausuró la importante ruta que une a las dos ciudades, armando barricadas en las salidas de una y otra. Esa ruta vital para el comercio, la industria, y todo lo demás que se les pueda ocurrir, quedó cortada hasta nuevo aviso. Los combates y la gente en las calles en una y otra ciudad (más en Sivas que en Kayseri) siguieron varios días. Mientras tanto, el campeonato estaba lógicamente suspendido. Este suceso está considerado como el peor enfrentamiento que haya existido en la historia entre dos hinchadas, tanto por magnitud como por duración, a nivel universal. A partir de ahí se los mandó a cada uno a una liga regional distinta, y sólo más de veinte años después se les permitió jugar juntos, paz anticipada de sus hinchadas mediante.

Pero, ¿qué momento de grandeza edificante ha tenido cada uno? En el fútbol turco hay poco lugar para el éxito de todos. Sin embargo, el Kayserispor logró alzarse con la Copa de Turquía en 2008, conducido dentro del campo por el siempre demasiado bien ponderado afuera Franco Cángele. El argentino, tras su paso por Boca e Independiente, terminó recalando en el Sakaryaspor (el Nueva Chicago turco, por hinchada y camiseta) donde fue recibido como un ídolo en el aeropuerto por la hinchada, al igual que el marplatense Patricio "San" Graf. Con el Sakaryaspor —que contaba con el arquero Luis Martínez, luego titular de la Selección Colombia— descendieron irremediable pero estoicamente. Entonces las puertas del Kayseri se abrieron para Cángele, por suerte sin provocar ninguna tragedia esta vez. El argentino respondió con asistencias y goles exquisitos (en Argentina sus goles también debían de ser exquisitos, dado que optaba por comérselos la mayor parte de las veces).

La final de la Copa de 2008 fue un horrendo 0 a 0 contra el Gençlerbirliği, equipo que traducido al castellano es exactamente "Juventud Unida", como aquel animador habitual del ascenso con sede en San Miguel. En Turquía éste es el equipo preferido de la militancia de izquierda. En los penales, el partido terminó en un engañoso y fantástico 11 a 10.

¿Algo para objetar del palmarés del Kayserispor, rehabilitándose luego de tamaño escándalo en el '67? Sí: en Kayseri había dos clubes en realidad; Kayserispor y Kayseri Erciyesspor. Por una de esas cosas intentendibles e inexplicables que ocurren en el fútbol turco, en 2004 ambos clubes decidieron intercambiar sus nombres. Sí, cada uno pasó a ser el otro. La mayéutica, el materialismo dialéctico, el existencialismo... no hay doctrina filosófica que nos termine de explicar qué pasó en realidad con cada uno.

Sivasspor, por su lado, logró su ascenso a la Super Liga en 2006. Nadie imaginaba que dos años después iba a mandarse dos subcampeonatos seguidos. En 2008 compartió el subcampeonato con el Fenerbahçe y el Beşiktaş, todos debajo del Galatasaray. Cuando nadie creía que semejante campaña casi campeona se pudiese repetir (como acertadamente se especuló acerca del tiki-tiki del Huracán de Cappa), 2009 lo encontró a fin de la temporada como escolta solitario del Beşiktaş campeón. Sí, el Sivas era cosa seria. De allí en más, finalmente se cayó estrepitosamente y pugna (oncehombresenpugna) por no descender.

Allí los dejamos, en perenne lucha, atravesando las arenas que pisara Han Solo, intentando cada uno sacarle unos buenos clásicos de ventaja al otro para poder finalmente emitir una voz fantasmal que como Darth Vader le diga en la cara "Senin baban benim" ("Soy tu padre").

49. CUANDO LA REALIDAD Y LA FICCIÓN CASI VAN AL ALARGUE

Faltando treinta segundos para terminar el segundo tiempo de la final de la Copa de Francia 1999-2000, aún estaban 1 a 1. En el Stade de France, donde dos años antes Francia había ganado su primer mundial, el histórico Nantes FC, siete veces campeón de Francia y defensor del título, empataba con la sensación del torneo: el ultra amateur Calais Racing Union FC, básicamente un rejunte de albañiles, maestros, trabajadores portuarios, ex futbolistas y oficinistas. Nadie lo podía creer, pero todavía el Calais estaba vivo.

La historia del Calais RUFC (equipo de camiseta roja y amarilla a rayas verticales, de ahí su mote de "Sangre y oro") nace en 1902, cuando se funda con el nombre Racing Club de Calais, y trascurre sin mayores sobresaltos hasta 1974, fecha en la que se fusiona con el club de los pobres de Calais: el Union. Esta fusión entre los académicos poderosos y los tatengues oprimidos, además de ser una metáfora de la alianza de clases peronista, le dio un nuevo impulso al equipo que a partir de allí tomaría su nombre definitivo (Calais Racing Union FC). Aunque a decir verdad fue un impulso con efecto retardado. De hecho hasta que llegó la histórica final de la Copa de Francia, treinta años exactos después, el derrotero del club había respondido a la debida medianía de los equipos amateurs. Algunas victorias, algunas derrotas, algún campeonato que los depositaba en una categoría más o menos parecida, para luego descender y seguir desarrollando una gris rutina futbolera.

Cuando se inició la temporada 1999-2000, el director técnico Ladislao Lozano (español, buscavidas, ex jugador de equipos amateurs franceses, empleado municipal) seguramente hubiera declarado a los medios (de haber alguno presente) que ese año iba a ser de transición para el Calais, que estaban en la CFA (cuarta división) con la intención de mantener la categoría y quizás entrar a la liguilla para entrar a la Sudamericana (siempre hay lugar para jugar la Sudamericana). Era el verano del 99, atrás había quedado el del 98, pero lo que nadie imaginaba es que comenzaba una historia que iba a conmover más aún que la tira de Nahuel Mutti y Celeste Cid.

El Calais de esa temporada tenía entre otras figuras a Mickael Gerard, asistente en una licorería; Emmanuel Vasseur, pintor y decorador; Reginald Becque, el capitán y uno de los pilares fundamentales de la tienda Roche Difussion que vende equipamiento para hoteles; el lateral derecho Jocelyn Merlen que ayudaba a Gerard a asistir en la licorería; los mediocampistas y empleados en centros de acción comunitaria Cristophe Hogard y Cédric Jandau.

El camino en la Copa de Francia fue muy largo, si bien arrancaron tres rondas después. En el primer encuentro vencieron 10 a 0 a Campagne-lès-Hesdin. En la siguiente ronda, le ganaron con autoridad a Saint Nicholas les Arras por 3 a 1. En lo que sería la sexta ronda, y continuando con los enfrentamientos ante equipos de nombre largo, vencieron apretadamente a Marly Les Valenciennes por 2 a 1. Contra el Bethune, de la quinta división, se las vieron negras, pero finalmente ganaron 1 a 0. En el último partido de la fase amateur golearon al Dunkerque, de su misma división, por 4 a 0.

Hasta allí, el Calais había cumplido una buena tarea, venciendo a otros cinco equipos amateurs de la Región de Pas-de-Calais. Pero ahora venía lo bueno.

Por los 32avos de final, se enfrentó con el Lille, un viejo rico de la región que en ese momento se encontraba en Segunda División. Calais aguantó todo el partido y venció a los "lilitos" en los penales por 7 a 6.

En los 16avos, se enfrentó a otra sorpresa, el Langon-Castets, un equipo de la quinta división, que usa *comic sans* en su sitio oficial, y que quería quedarse con la corona o zapato oficial de cenicienta del torneo. El Racing Calais lo goleó 3 a 0 y el Langon cayó en un merecido olvido.

Ya en octavos la cosa se iba a poner aún más compleja. Enfrentaba al histórico Cannes, en ese momento en Segunda. Si bien el partido se jugó en Cannes no hubo ningún festival, aunque es justo reconocer que los jugadores de Cannes no eran ningunos perros. El partido fue trabado y sufrido. Faltando seis minutos para terminar la prórroga, Cannes se adelantó en el marcador. Calais no se rindió y a falta de ciento veinte segundos, Hogard, "El burócrata del gol", selló el 1 a 1 final. Con el ánimo por las nubes, en los penales fue paliza. 4 a 1 para el Calais que terminó increíblemente floreándose y gritando "ole" en medio de una definición por penales. Otro hito.

Los "Sangre y oro" eran una sensación y ya estaban en cuartos de final. Salvo Marcel Marceau, toda Francia hablaba de ellos.

Incluso los no futboleros se habían hecho fanáticos de esta armada Brancaleone que estaba dispuesta a todo. Los franceses, famosos por odiar la vida, parecían por fin haber encontrado algo por qué vivir: alentar al Calais.

Llegaba el momento de enfrentar a un equipo de la Primera División, el Strasbourg. El panorama era desalentador cuando Echouafni puso en ventaja a los alsacianos a los seis minutos. Pero Hogard y Merlen "Dietrich", a los treinta y seis, y a los cuarenta y cinco iban a dar vuelta el marcador. Los cinco mil calaisianos que habían llegado hasta Lens (que igual está ahí mismo, eh) deliraban. El equipo estaba en semifinales.

Después del partido, el director técnico Ladislao Lozano, una especie de Bilardo del inframundo, reveló a *Sports Illustrated* algunas de sus tácticas para confundir a sus hiper profesionales adversarios. "Le Roy (el DT del Strasbourg) vino a vernos entrenar, así que aprovechando que no conocía a nadie, puse a los suplentes y guardé a los titulares". También utilizó la vieja treta del gemelo malo para distraer a Le Roy: "Él quería ver a Emmanuel Vasseur, porque le habían dicho que era nuestra arma secreta. Así que puse en cancha al hermano. Después del entrenamiento nos preguntó si ése era el tan famoso Vasseur. Le dijimos que sí y se cagó de risa".

Ladislao Lozano se convirtió en una estrella mediática en aquellos días, en una especie de chanta sabio y copado que podía opinar sobre absolutamente todo. En la tele le preguntaban su opinión sobre la delincuencia juvenil y el dopaje. Él se limitaba a comentar sus modestas estrategias tácticas y motivacionales. Por ejemplo, en ese mismo partido frente a Strasbourg, recordó que le señaló a sus dirigidos cómo estaban preparando el partido sus rivales: a minutos del cotejo, reconocían el campo de juego mientras estaban chingui chingui con los teléfonos celulares.

Según las palabras del español, ver a sus rivales boludeando a minutos de un partido tan importante, los motivó extraordinariamente. Los jugadores del Calais estaban determinados a no dejar que una bandita de metrosexuales alienados les pasara por encima y así lo hicieron. Ahora se venía el campeón de Francia en semifinales: el Girondins de Bordeaux.

Los expertos opinaban unánimemente que había estado todo muy lindo, pero que seguramente el sueño de estos pobres diablos, de estas cenicientas, de estos María Mercedes (la telenovela de Thalía), iba a conocer sus límites en el estadio Félix Bollaert de Lens, donde el Calais hacía de local frente a equipos de mayor envergadura.

Sin embargo todavía estaba por verse quién de los dos iba a sentir más la envergadura del otro. Luego de un 0 a 0 espantoso durante los noventa minutos iniciales, llegaron a un viejo amigo de los de Calais: el alargue. Otro burócrata goleador, Cédric Jandeau, iba a sorprender a todos en el minuto noventa y nueve. El Calais se imponía 1 a 0 y bailaba, bailaba, bailaba. Parecía que hoy (por aquel día) su sueño era real. Sin embargo el Bordeaux no se iba a entregar tan fácil teniendo jugadores de jerarquía internacional como Dugarry, Micoud o Laslandes. Éste último iba a conectar un centro para igualar el partido a sólo diez minutos del pitazo ultra final. Pero aún tenían que pasar un par de cosas más en este tiempo extra para el infarto. A los ciento trece minutos, Millien "El desconocido entre los desconocidos", y a los ciento dieciocho, Gerard, el licorero, iban a embriagar a la fanáticada calaisiense en una alegría inverosímil. 3 a 1 definitivo.

Este equipo de mala muerte, de una ciudad medio pobre, sin una puta cancha decente, sin lugar para entrenar, sin ningún jugador profesional, con trabajos de mierda... le había ganado al campeón de Francia y ahora iba por la copa nacional y el ticket para jugar el próximo año en Europa (o sea, en la Copa UEFA, en Europa ya estaban jugando porque Francia está en Europa).

Ah, cuando dijimos que el alargue no fue apto para cardíacos no exagerábamos. Ladislao Lozano sufrió un infarto durante el partido y estuvo hospitalizado cuatro días. Por suerte, se recuperó y pudo dirigir al equipo en la final.

Calais, la ciudad, no pasaba precisamente por un buen momento. Punto portuario por excelencia, por aquellos días un cincuenta por ciento de los trabajadores portuarios se había quedado en la calle debido a una reforma aduanera. Además, más de un cuarto de la población vivía con menos de trescientos euros por mes, y los hospitales atendían sesenta intentos de suicidio mensuales. La histórica participación del Calais en la Copa de Francia era una manera de combatir las angustias de la realidad y dejarse llevar por la ensoñación copera.

Cuando el 7 de mayo de 2000, el Calais RUFC entró al Stade de France para enfrentar al Nantes frente a ochenta mil espectadores, toda Francia estaba de su lado. Si hasta se decía que los mismos hinchas del Nantes preferían su victoria. El sueño parecía no tener fin cuando Jerome Dutitre marcó el 1 a 0. Todos querían que el cuento de hadas terminara bien, que el pobre se hiciera rico, que lo imposible fuera posible, que se casaran con el príncipe, que por una vez el poderoso sucumbiera frente al esfuerzo y la ilusión de once perejiles.

Pero Sibiersky empató a los cinco minutos del segundo tiempo. Y a los noventa, en la última jugada del partido, Fabrice Baron, un torpe estudiante, tacleó de manera polémica al delantero del Nantes Alain Caveglia (¿ex Deportivo Español?). El árbitro Colombo, si bien no era Columbo, aplicó todo el rigor de la ley y cobró penal. Aún mucha gente discute esta falta. La verdad es que es una jugada difícil. Pero podría no haberlo cobrado y eso es lo que nadie puede perdonarle, que decidiera liquidar los sueños pueblerinos del Calais pitando un penal omitible. Sibiersky convirtió el penal y el Nantes (donde jugó la "Tota" Fabbri) fue campeón.

Después llegó el tiempo de las lamentaciones y la demagogia. El capitán del Nantes invitó a los jugadores del Calais a levantar la copa con ellos. El presidente de Francia, Jacques Chirac, dijo que en realidad había dos campeones. Que esto, que lo otro. Que el campeonato real, que el moral, que las enseñanzas. Lo cierto es que el Calais había terminado una temporada inolvidable, donde en verdaderas luchas de clase futboleras venció repetidamente a planteles super profesionales para terminar derrotados en la final por un penal poco convincente.

Epílogo

En los años siguientes el Calais intentó usufructuar esa locura por los "Sangre y oro". Para eso construyó un estadio para doce mil espectadores llamado "Estadio de la epopeya" e intentó ascender a la tercera división. Pero el equipo no rindió, los problemas financieros comenzaron a arreciar y el Calais finalmente fue descendido por cuestiones administrativas a la quinta división. En la actualidad el club lucha por mantener la categoría mientras enfrenta duros problemas legales que pueden significar su quiebra definitiva.

Más allá de las banalidades poco épicas de la actualidad, en los últimos años se siguió recordando la memorable campaña. A menudo los ex jugadores del Calais son entrevistados en los medios para recordar los mejores momentos, se juegan partidos conmemorativos (el último enfrentó a las viejas glorias del Calais

2000 contra una "Varieté" de Francia liderada por Fabien Barthes) y todas esas cosas. Pero lo más peculiar fue la producción de una obra de teatro basada en la epopeya. *¡Allez Calais!* fue una obra de Emanuella Giordano basada en el monólogo teatral del periodista italiano Osvaldo Guerrieri. Entre diversos números musicales y actos pepitocibrianescos, la obra, que se presentó en Italia y Francia con buen éxito, representó en forma de opereta las mil y una hazañas de Ladislao y sus chavales.

Así que sí, es cierto, ganó la realidad con un penal dudoso. Pero la ficción, la fantasía, lo improbable demostraron otra vez que siempre van a aparecer en el momento menos esperado. Aunque para eso tengan que hacer algo de trampa y tener mucho culo en los penales. *¡Alé Calé!*

50. UKRANIA, UKRANIA, ÜBER ALLES

Hay una línea teórica que dice que los gigantes han sido pequeños alguna vez. Y en la condición de pequeños, han sido más gigantes. La gloria conquistada es más sabrosa que la gloria dada (salvo para Tristan Tzara). Vayamos a la historia.

Exterior. Nieve. Calle de Kiev. Septiembre de 1941.

Los nazis avanzaban sobre el territorio ucraniano, hacia Moscú. Hitler pensó que si Francia se había rendido sin disparar un solo tiro, los soviéticos, casi siempre borrachos o discutiendo entre sí, serían más fáciles todavía. Pero entre Stalin y el invierno le hicieron una toma de judo, un *instant karma* y, como dijera un viejo ucraniano que plantaba una de las tantas minas que detonaron al paso de los alemanes, "Фрщкф ыу мф ф вфк мгудеф дф ещкешддф" (¡Ahora se va a dar vuelta la tortilla!).

No es exagerado decir que el primer momento, el minuto cero de la caída germana, vino por el lado del fútbol. Vamos a ver un poco al contexto inmediato anterior.

El imperio soviético, como ustedes se pueden imaginar, centralizaba su poder en Moscú. El resto del territorio era utilizado para generar riquezas si el clima era más o menos compatible con la vida o, si era más bien inhóspito, para enviar a los opositores. Kiev se levantaba orgullosa como una ciudad a la que Moscú debía reconocer. No era un lugar más del interior, poblado por "cabecitas bordeaux", como peyorativamente llamaban los moscovitas a los que vivían más allá de la Avenida General La Guerra y La Paz.

Y esta necesidad de reconocimiento forzado se vuelve a poner de manifiesto en 1936, cuando se crea el Campeonato Soviético de Fútbol y un equipo de Kiev, que había sido fundado nueve años antes, le juega de igual a igual a los moscovitas, subcampeonando ese primer torneo.

El Dínamo de Kiev (¡al fin lo nombramos!) protagonizaba la liga, molestando tanto a su tocayo de Moscú como al Spartak.

Funde negro. Sobreimprime 1941. Bombas. Tiros. Guerra.

El COPROSEDE soviético determina que el campeonato debe suspenderse debido al avance de la Segunda Guerra Mundial en territorio soviético ("Por culpa de unos pocos nazis que invaden, nos quedamos sin fútbol"; "¿No es un poquito fuerte lo de nazis?", discutían en los programas de radio de la época). Sin fútbol, los jugadores se desperdigan. Como si la vida se hubiese transformado en un gran córner en tiempo de descuento con el equipo perdiendo por un gol, muchos van al frente.

La historia reconoce a Kordic, un panadero, como el Schindler del fútbol, ya que pone a trabajar en su negocio a Trusevich, el arquero del Dínamo al reconocerlo vagando por las calles de Kiev, recién liberado de un campo de prisioneros. Pronto,

Trusevich empieza a buscar a sus ex compañeros y de a poco se ponen a jugar partiditos como para no perder el estado (lo más importante para un soviético de entonces).

Así, se forma el FC Start, con ocho miembros del Dínamo y tres del Lokomotiv.

Ya estamos en 1942. La tortilla aún no se dio vuelta y los nazis, en su afán de que todo parezca normal, crean una liga de fútbol en Kiev. Los jugadores del FC Start dudan en inscribirse, porque piensan que eso puede ser interpretado como una muestra de apoyo al ejército ocupante. Pero el fútbol es el fútbol y terminan haciéndolo.

El FC Start debuta el 7 de junio, utilizando camisetas rojas que Trusevich había encontrado en un depósito, y le gana 7 a 2 al Rukh, un equipo formado por otros jugadores ucranianos.

A partir de allí, comienzan a enfrentarse a equipos formados por militares. El 21 de junio le ganan 6 a 2 a los húngaros. Dos semanas después, a los romanos por 11 a 0. Vienen los trabajadores militares del ferrocarril y los despachan 9 a 1. Ya los alemanes empiezan a pensar en un buen partido. Juegan contra el PGS (lleno de germanos) y le ganan 6 a 0.

De a poco, todo Kiev habla de ellos. Lo que el ejército rojo no hace en el campo de batalla, lo hace el FC Start en el campo de juego. Como era de prever, la Luftwaffe se calienta y propone un partido contra su equipo, el Flakelf, para el 6 de agosto.

El FC Start se prepara ganándole otros dos partidos a los húngaros.

Llega el día del partido y los nazis son apabullados como si fueran la selección de Mónaco, perdiendo 5 a 1. "Se vuelven a Berlín con el culo roto", cantaban los ucranianos, con la esperanza de que el poder simbólico de la derrota gane la realidad y, efectivamente se volvieran a Berlín. Pero lejos de eso, los alemanes quieren revancha. Y rápido. Así es que llegamos al partido más importante de nuestros héroes de Kiev, jugado apenas tres días más tarde.

"Esto se parece a una película", estará pensando usted, lector. Pues sí, es que en esta historia se basó *Escape a la victoria*, ese film de ciencia ficción donde Stallone hace de arquero y nuestro Ardiles de un bravo ucraniano. Y también estaba Pelé, que hasta último momento pidió al director jugar para los nazis.

Llega el 9 de agosto de 1942. El invierno aún disputa su dominio con la primavera, pero en el otro hemisferio. A diferencia de los partidos anteriores, llegan al estadio una enorme cantidad de policías y militares nazis. El sorteo del árbitro, como si fuera hecho por la AFA, da como resultado que un oficial de las SS dirigirá el encuentro.

Entran los equipos al campo de juego y, de movida, los jugadores del FC Start se niegan a saludar "a lo nazi", cosa que calienta más a los rivales.

Arranca el partido. Un delantero del Flakelf le pega una patada en la cabeza al arquero Trusevich, dejándolo confuso. El árbitro no cobra nada y los nazis aprovechan y se ponen 1 a 0.

Los hombres del Führer siguen pegando por todos lados (al que tiene la pelota y al que no). El árbitro, moviendo los brazos como un Perón articulado, funda la escuela a la que se inscribe Lamolina, décadas después: "Weiter, weiter", dice.

Cobra finalmente una falta para el FC Start y Kuzmenko la manda a guardar. Los ucranianos se animan a gritar el gol. La gente en las calles de Kiev goza por dentro. Los nazis aprietan los dientes y muestran los músculos maseteros.

Momentos después, Goncharenko elude a toda la defensa nazi y marca el 2 a 1. El primer tiempo termina con una remontada ucraniana y se van al vestuario 3 a 1 arriba. Silencio en las gradas militarizadas. Un suboficial de las SS comienza a putear a su propio equipo, inaugurando el particular estilo de aliento de la platea del club Independiente de Avellaneda.

El Passarella teutón manda a los muchachos a hablar al vestuario. Le dicen a los ucranianos que están impresionados del buen juego, pero que saben que no pueden ganar. Que si lo hacen, las consecuencias pueden ser incompatibles con eso que los médicos llaman "vida".

El segundo tiempo sigue en la misma tónica: los nazis pegan y marcan dos goles, pero el FC Start sigue con el tiki tiki y le hace dos goles más. Con el partido 5 a 3, Klimenko, que jugaba en la defensa, elude a todos los nazis (que, vamos a decirlo, ya estaban para el boludeo), gambetea al arquero y, en vez de hacer el gol, se da vuelta y tira la pelota hacia la mitad de cancha. El oficial de las SS pita el final nueve minutos antes del tiempo acordado. Los nazis en las gradas piensan qué hacer (mejor dicho, cómo hacerlo).

El FC Start puede jugar un último partido, contra su primer rival, el Rukh, al que le gana 8 a 0, cerrando su historia de forma simétrica e invicta. Una semana después de la gran victoria, los integrantes del equipo son apresados y torturados por la Gestapo. Korotkykh muere allí. Otros son mandados al campo de concentración de Syrets, donde en febrero de 1943 son ejecutados Kuzmenko, el gran Klimenko y el alma mater del equipo, Trusevich.

Por suerte, tres jugadores de aquel equipo sobrevivieron para contar la historia, que se hizo conocida recién en 1958 porque a Stalin mucho no le cabía la posible moraleja del asunto y mandó a callar a los sobrevivientes, a cambio de no acusarlos de colaboracionistas de los nazis por haber jugado el torneo.

"El final no es como en la película", dirán algunos. "Y sí", comentaremos. "La realidad no es una película de Hollywood con el final cambiado para que los putitos no se impresionen cuando comen pochoclo".

La verdadera gloria viste de tragedia.

ÍNDICE:

ÍNDICE TEMÁTICO:

Agradecemos a:

Ernesto Rodríguez III, Miguel Simón, Ricardo Acuña y Codasports, Unaradio, Razz, Martiniano Zurita, CPR, Robert, Guada, la familia, novias y amigos que apoyaron con paciencia y comentarios, Foul Táctico, Luleau, Nakano, Mantrul, Familia González del Uruguay, Hernán López Winne, Eri, Esteban Gutiérrez, Poca, Sandra, Turca, la gente de La Cantera, los mozos de Güerrin, Pep Guardiola, Nadie, Sampaoli, Papá Pizza, AAPPO, Bar San Bernardo, el primer ministro del Punjab y al pueblo indio todo, Los Chanchos, la familia patera, la memoria de Siga Siga, Sergio Martínez, la gente de prensa de Atlanta, Galatasaray Dergisi, Platini y la gente de la UEFA, Tonino, El Mosquito, Fuera de Sector, la torre art deco del Palacio Tomás A. Ducó, el pueblo chino que inventó el papel, el nerd que inventó Internet, el auto de Jorge, la familia Hades que autorizó la publicación de la foto de portada a cambio de nuestras almas.

20381650R00156

Made in the USA
Lexington, KY
05 December 2018